Klaus Offerhaus · Der Bundesfinanzhof

Der Bundesfinanzhof

von Prof. Dr. Klaus Offerhaus
Präsident des Bundesfinanzhofs

4. Auflage

1997
Schäffer-Poeschel Verlag Stuttgart

Die Deutsche Bibliothek – CIP-Einheitsaufnahme

Offerhaus, Klaus:
Der Bundesfinanzhof / von Klaus Offerhaus. – 4. Aufl. –
Stuttgart: Schäffer-Poeschel, 1997

ISBN 3-8202-1194-2

Printed in Germany

Schäffer-Poeschel Verlag Stuttgart
Ein Tochterunternehmen der Verlagsgruppe Handelsblatt

Vorwort zur 4. Auflage

Vor zwölf Jahren ist dieses Buch erstmals erschienen. Ich habe damit seinerzeit als Referent für das Pressewesen und für die Öffentlichkeitsarbeit des Bundesfinanzhofs einen Einblick in die Arbeit, Funktion, Rechtsstellung, Organisation und geschichtliche Entwicklung des Bundesfinanzhofs geben wollen. Es war das Ziel der Broschüre, den Rechtsuchenden den Zugang zum finanzgerichtlichen Verfahren zu erleichtern und die Verfahrensabläufe beim Bundesfinanzhof durchschaubarer zu machen. Das Buch sollte einen Beitrag zu einem größeren Verständnis für eine Gerichtsbarkeit liefern, die mittelbar fast jeden Bürger – nämlich als Steuerzahler – berührt.

Diese Ausgangslage und dieses Interesse bestehen nach wie vor. In der Zwischenzeit ist das finanzgerichtliche Verfahrensrecht – bei den Finanzgerichten und auch beim Bundesfinanzhof – zum Teil aber geändert worden; es kamen die neuen Bundesländer mit weiteren Finanzgerichten zum Aufgabenbereich hinzu; die Verfahrensdauer bei den Finanzgerichten und insbesondere beim Bundesfinanzhof wurde kürzer; die Richterzahl beim Bundesfinanzhof war zwischenzeitlich erhöht, ist aber nun wieder verringert worden; dem obersten Steuer- und Zollgericht gehören nur noch 18 Richter an, die bei Erscheinen der Erstauflage bereits als solche aktiv waren. Dies und anderes mehr sind Veränderungen in der Finanzgerichtsbarkeit, über die die Öffentlichkeit informiert werden sollte.

Zwar war das durch eine 2. Auflage (im Jahre 1988) und eine 3. Auflage (im Jahre 1993) geschehen. Aber auch seit dieser 3. Auflage gab es tatsächliche und rechtliche Veränderungen. Deshalb sahen sich der Herausgeber und der Verlag veranlaßt, eine Neuauflage herauszubringen. Für die Unterstützung, die ich dabei wiederum bei dem Verlag gefunden habe, danke ich auf diesem Weg nochmals herzlich.

Ich würde mich freuen, wenn auch diese 4. Auflage Verbreitung fände und wenn dadurch einem größeren Interessentenkreis die Arbeit, die Aufgaben und die Organisation des obersten Steuer- und Zollgerichts der Bundesrepublik Deutschland verdeutlicht würden.

München, im August 1997 Klaus Offerhaus

Inhaltsverzeichnis

I. Einleitung

Der Bundesfinanzhof hat als letzte Gerichtsinstanz über Steuer- und Zollsachen (nicht auch Strafsachen bezüglich dieser Rechtsgebiete, die von den Strafgerichten – letztinstanzlich vom Bundesgerichtshof – zu beurteilen sind) für das ganze Bundesgebiet zu entscheiden. Seine Entscheidungen betreffen formell zwar immer nur Einzelfälle; sie sind grundsätzlich nur für die Verfahrensbeteiligten des konkreten Gerichtsverfahrens bindend. Gleichwohl sind seine Aussagen übertragbar auf die Besteuerung unzähliger Steuerbürger, die ähnlichen oder gleichen Sachverhalten ausgesetzt sind wie diejenigen, deren Fall vom Bundesfinanzhof unmittelbar entschieden worden ist. Häufig handelt es sich bei den Verfahren beim Bundesfinanzhof also um Musterprozesse; die Ergebnisse und Einzelaussagen sind auf eine Vielzahl von Fällen übertragbar.

Entscheidet der Bundesfinanzhof z.B., daß Telefongebühren, soweit sie beruflich (betrieblich) veranlaßt sind, auch dann steuerlich abgezogen werden können, wenn die Gespräche vom privaten (häuslichen) Telefon aus geführt werden, so hat das für unzählige Steuerpflichtige Bedeutung. Nicht anders verhält es sich, wenn er Unfallkosten auch dann zum steuerlichen Abzug zuläßt, falls sich ein Unfall auf einer beruflich (betrieblich) veranlaßten Fahrt ereignet hat, vom Steuerpflichtigen aber grob fahrlässig herbeigeführt wurde. Ob Aufwendungen für die Weiterbildung als Fortbildungskosten steuerlich voll oder als Berufsausbildungskosten nur beschränkt abziehbar sind, oder ob Aufwendungen für ein Arbeitszimmer oder wegen einer doppelten Haushaltsführung – z.B. auch für Singles – als Werbungskosten abgezogen werden können, betrifft zahlreiche Steuerpflichtige. Ob und inwieweit Krankheitskosten, die von den Krankenkassen nicht (voll) getragen wurden, oder Kosten wegen einer körperlichen Behinderung oder einer Heilkur bei der Besteuerung als außergewöhnliche Belastung berücksichtigt werden können, ist ebenfalls für viele Steuerpflichtige von Bedeutung. Dasselbe gilt z.B. für die Frage, ob

Abschlußgebühren für Bausparverträge als Werbungskosten abziehbar sind oder ob die derzeitige Zinsbesteuerung verfassungsgemäß ist. Ob für eine bevorstehende Pflichtprüfung des Jahresabschlusses oder für die Verpflichtung zur Erstellung von Steuererklärungen oder für Ausbildungskosten eine gewinnmindernde Rückstellung gebildet werden kann, ist dagegen nur für bilanzierende Steuerpflichtige von Interesse, berührt indessen doch ebenfalls Hunderte oder Tausende von Unternehmen. Das gilt z.B. auch für die Frage, ob und inwieweit Zinsbelastungen auf einem Kontokorrentkonto, über das auch private Bankgeschäfte abgewickelt werden, als Betriebsausgaben abziehbar sind (Zweikonten- oder Mehrkontenmodelle). Die Entscheidungen des Großen Senats des Bundesfinanzhofs zur Besteuerung von Verlustzuweisungsgesellschaften und zur sog. doppelstöckigen Kommanditgesellschaft dürften zwar nur „Besserverdienende" betreffen; indessen ist auch dieser Personenkreis, der einer hohen Einkommensteuerprogression ausgesetzt ist, nicht klein. Die weiteren Entscheidungen des Großen Senats zur Erbauseinandersetzung und zur vorweggenommenen Erbfolge sind für die derzeitige „Erbengeneration" ebenfalls von besonderem Interesse. Die Beispiele könnten fast endlos fortgesetzt werden.

Zu allen diesen Fragen hat der Bundesfinanzhof letztlich allgemein verbindliche Entscheidungen getroffen. Seine Arbeit, Aufgaben sowie Organisation sollen deshalb im folgenden für einen größeren Interessentenkreis verdeutlicht werden.

II. Die Geschichte des Bundesfinanzhofs

Zum Verständnis der Institution des Bundesfinanzhofs ist eine Darstellung der geschichtlichen Entwicklung der Finanzgerichtsbarkeit sinnvoll.

1. Die Zeit vor 1918 Bereits seit Ende des 15. Jahrhunderts hatte das Reichskammergericht die Kompetenz zur Schlichtung von Finanzstreitigkeiten über die erste allgemeine Reichssteuer inne. Darüber hinaus erstreckte sich seine Zuständigkeit auf alle Fiskalsachen des Reiches, die seinerzeit noch nicht in zivil- und öffentlich-rechtliche Streitsachen unterschieden wurden.

Nach Auflösung des Alten Reiches im Jahre 1806 kam es im Zuge der konstitutionellen Veränderungen allmählich zur getrennten Entwicklung der ordentlichen und der Verwaltungsgerichtsbarkeit, die in den meisten Ländern zur grundsätzlichen Steuerkompetenz der Verwaltungsgerichte führte. Auch wurde seitdem eine Verselbständigung der Finanzgerichtsbarkeit angestrebt.

In der Mitte des vergangenen Jahrhunderts wurde der Gedanke der Steuergerichtsbarkeit in Baden erstmals gesetzlich verwirklicht. Im Jahre 1848 wurden dort Gesetze betreffend die Aufstellung der Kataster und die Errichtung von Steuerschwurgerichten erlassen. Die darin vorgesehenen Steuergerichte sollten von der Finanzverwaltung unabhängige Rechtsmittelbehörden sein, die als letzte Instanz in Steuersachen zu entscheiden hatten.

In der zweiten Hälfte des letzten Jahrhunderts setzte sich sodann in fast allen deutschen Ländern der Gedanke der gerichtlichen Kontrolle der Tätigkeit der Finanzverwaltung durch. Es wurden Verwaltungsgerichte (Verwaltungsgerichtshöfe) als oberste Instanz für alle Verwaltungsstreitigkeiten und damit auch für das Gebiet der Finanzen, die ja weitgehend Ländersache waren, geschaffen. Für die Reichssteuern nach dem Erbschaftsteuergesetz, dem Reichsstempelgesetz und dem

Gesetz über Personen- und Güterverkehrsabgaben war allerdings als letzte Instanz das Reichsgericht zuständig. Für weitere wichtige Abgaben, nämlich den Wehrbeitrag, die Kriegssteuern und Besitzabgaben, wurde die Regelung über die gerichtliche Kontrolle den jeweiligen Landesgesetzen überlassen, was dazu führte, daß insoweit zum Teil die Landesverwaltungsgerichte und zum Teil das Reichsgericht letztinstanzlich zu entscheiden hatten. Der Rechtsschutz in Steuersachen war also uneinheitlich und unübersichtlich geregelt.

2. Errichtung des Reichsfinanzhofs im Jahre 1918 Die Kriegsverhältnisse in den Jahren 1914 bis 1918 ergaben die Notwendigkeit, die Steuerquellen des Reiches erheblich zu vermehren, u. a. durch die Erhebung einer allgemeinen indirekten Steuer, der Umsatzsteuer, die 1916 zunächst in Form eines Umsatzsteuerstempels eingeführt wurde. Vor allem deshalb wurde es für erforderlich gehalten, einen obersten Gerichtshof zu schaffen, der durch seine Entscheidungen die Einheitlichkeit der Handhabung wichtiger Reichssteuergesetze für das ganze Reichsgebiet wahren sollte. Folglich ist bereits in der kaiserlichen Zeit des Deutschen Reiches das Gesetz vom 26. Juli 1918 über den Reichsfinanzhof, der in jeder Beziehung dem Reichsgericht gleichgestellt wurde, erlassen worden.

Reichs-Gesetzblatt

Jahrgang 1918

Nr. 101

(Nr. 6410) Gesetz über die Errichtung eines Reichsfinanzhofs und über die Reichsaufsicht für Zölle und Steuern. Vom 26. Juli 1918.

Wir Wilhelm, von Gottes Gnaden Deutscher Kaiser, König von Preußen &c.

verordnen im Namen des Reichs, nach erfolgter Zustimmung des Bundesrats und des Reichstags, was folgt:

Reichsfinanzhof

§ 1

Für Reichsabgabensachen wird eine oberste Spruch- und Beschlußbehörde errichtet, die den Namen „Reichsfinanzhof" führt.

§ 2

Den Sitz des Reichsfinanzhofs bestimmt der Bundesrat.

Der Reichsfinanzhof besteht aus einem Präsidenten und den Senatspräsidenten (§ 6) und Räten.

§ 3

Die Mitglieder des Reichsfinanzhofs werden auf Vorschlag des Bundesrats vom Kaiser auf Lebenszeit ernannt.

Die übrigen Beamten ernennt der Reichskanzler.

§ 4

Zum Mitglied des Reichsfinanzhofs kann nur ernannt werden, wer das fünfunddreißigste Lebensjahr vollendet hat. Mindestens die Hälfte der Mitglieder muß die Befähigung zum Richteramt erlangt haben.

§ 5

Für die Disziplinarbestrafung der Mitglieder des Reichsfinanzhofs und ihre Versetzung in den Ruhestand gelten die für die Mitglieder des Reichsgerichts maßgebenden Vorschriften entsprechend.

Der Vertreter der Staatsanwaltschaft wird vom Kaiser bestimmt.

§ 6

Bei dem Reichsfinanzhof werden nach Bedarf Senate gebildet. Ihre Zahl bestimmt der Reichskanzler.

§ 7

Der Reichsfinanzhof ist oberste Spruchbehörde zunächst für folgende Reichsabgaben: Wehrbeitrag, Besitzsteuer, Kriegsabgaben, Erbschaftssteuer, Umsatzsteuer, Reichsstempelabgaben, Wechselstempelabgabe, Abgaben vom Personen- und Güterverkehre, Kohlensteuer.

Auf Antrag eines Bundesstaats und mit Zustimmung des Bundesrats kann der Reichsfinanzhof durch Kaiserliche Verordnung zur obersten Spruchbehörde für Landesabgaben bestellt werden.

§ 15

Der Reichskanzler und die obersten Landesfinanzbehörden können Fragen der Auslegung von Vorschriften der Reichsabgabengesetze dem Reichsfinanzhof zur Begutachtung vorlegen.

§ 16

Der Reichsfinanzhof veröffentlicht seine Entscheidungen, soweit sie grundsätzliche Bedeutung haben.

§ 17

Die öffentlichen Behörden sind verpflichtet, den an sie ergehenden Ersuchen des Reichsfinanzhofs zu entsprechen.

§ 18

Vorbehaltlich einer späteren gesetzlichen Regelung trifft der Bundesrat die Bestimmungen über das Verfahren, einschließlich der Fristen, und die Kosten in dem Verfahren vor dem Reichsfinanzhof.

§ 19

Der Geschäftsgang des Reichfinanzhofs wird durch eine Geschäftsordnung geregelt, die dieser auszuarbeiten und dem Bundesrate zur Bestätigung vorzulegen hat.

§ 20

Will in einer Rechtsfrage ein Senat von einer veröffentlichten Entscheidung (§ 16) abweichen, so hat er die Sache unter Begründung seiner Rechtsauffassung an die vereinigten Senate zu verweisen.

Soweit die Entscheidung in der Sache eine vorgängige mündliche Verhandlung erfordert, erfolgt diese vor den vereinigten Senaten.

§ 25

Der Reichsfinanzhof beginnt seine Tätigkeit am 1. Oktober 1918.

Von diesem Zeitpunkt ab treten die den Vorschriften dieses Gesetzes entgegenstehenden Vorschriften der Reichsabgabengesetze (§ 7) über den Rechtsmittelzug mit der Maßgabe außer Kraft, daß die bisherigen Vorschriften für die Fälle, in denen ein anderes Rechtsmittel als die Verwaltungsbeschwerde vor dem 1. Oktober 1918 eingelegt worden ist, weiter gelten. Die näheren Übergangsbestimmungen trifft die Landesregierung.

Mit Wirkung vom 1. Oktober 1918 wurden dem Reichsfinanzhof als oberster Spruch- und Beschlußbehörde nicht nur die Entscheidung über Umsatzsteuersachen, sondern auch über andere Reichsabgaben, so den Wehrbeitrag, die Besitzsteuern, die Kriegsabgaben, die Erbschaftsteuer, die Verkehrsteuern und die Kohlensteuer übertragen. Dagegen unterlagen die Zölle und Verbrauchsabgaben noch nicht der Rechtsprechung des Reichsfinanzhofs.

Durch die im Jahre 1919 in Kraft getretene Reichsabgabenordnung wurden die Finanzgerichte als Unterbau zum Reichsfinanzhof gebildet, wobei deren Mitgliedern die richterliche Unabhängigkeit garantiert wurde. Sie hatten indessen neben der Rechtsprechung Verwaltungsaufgaben wahrzunehmen. Organisatorisch blieben sie in die Landesfinanzämter eingegliedert.

Der **Name** „Reichsfinanzhof" wurde vom Reichsgesetzgeber wegen des gegenüber „Reichssteuergerichtshof" „besseren und volleren Klangs" gewählt. Auch sollte mit dem Wortteil „Finanz" zum Ausdruck gebracht werden, daß nicht nur „Steuer-", sondern auch andere Abgabensachen vor dieses Gericht gebracht werden konnten. Auf den Wortteil „Gericht" hatte man auch deshalb verzichtet, weil der Reichsfinanzhof – und bis 1963 der Bundesfinanzhof ebenfalls – auf Verlangen des Reichskanzlers und der obersten Finanzbehörden auch Gutachten außerhalb von zweiseitigen Rechtsstreitigkeiten zu erstatten hatte.

Als **Sitz** des Gerichts waren Berlin, München, Stuttgart, Leipzig und Straßburg im Gespräch. Man entschied sich schließlich für München.

(Nr. 6434) Bekanntmachung, betreffend den Sitz des Reichsfinanzhofs. Vom 8. August 1918.

Der Bundesrat hat auf Grund des § 2 Abs. 1 des Gesetzes über die Errichtung eines Reichsfinanzhofs und über die Reichsaufsicht für Zölle und Steuern vom 26. Juli 1918 (Reichs-Gesetzbl. S. 959) beschlossen:

Der Reichsfinanzhof hat seinen Sitz in München.

Berlin, den 8. August 1918.

Der Reichskanzler
Im Auftrag
Schiffer

Wir Wilhelm,

von Gottes Gnaden

Deutscher Kaiser, König von Preußen rc.

tun kund und fügen hiermit zu wissen, daß Wir im Namen des Reichs Allergnädigst geruht haben, den Unterstaatssekretär im Reichsschatzamte. Wirklichen Geheimen Rat Gustav Rudolf Jahn zum Kaiserlichen Präsidenten des Reichsfinanzhofs zu ernennen.

Es ist dies in dem Vertrauen geschehen, daß der nunmehrige Präsident des Reichsfinanzhofs Jahn Uns in unverbrüchlicher Treue ergeben sein und die Pflichten seines Amtes mit stets regem Eifer erfüllen werde, wogegen er sich Unseres Allerhöchsten Schutzes bei den mit seinem Amte verbundenen Rechten zu erfreuen haben soll.

Urkundlich haben Wir diese Bestallung Allerhöchstselbst vollzogen und mit dem Kaiserlichen Insiegel versehen lassen.

Gegeben Großes Hauptquartier, den 14. September 1918.

<u>Bestallung</u>
als
Kaiserlicher Präsident des Reichsfinanzhofs
für den
Unterstaatssekretär im Reichsschatzamte,
Wirklichen Geheimen Rat <u>Gustav</u> Rudolf Jahn.

Wilhelm I. R.

Zu R. Schatz-A. Z. B. 1503.

Graf von Hertling

Beim Reichsfinanzhof wurden am 12. Oktober 1918 zwei Senate gebildet. Präsident des Gerichts und Vorsitzender des II. Senats wurde Exzellenz Jahn (vorher Unterstaatssekretär im Reichsschatzamt).

In den Jahren 1920 bis 1922 wurden noch vier weitere Senate eingerichtet, im April 1937 darüber hinaus eine Unterabteilung des VI. Senats, die sich im wesentlichen mit Fragen der Gemeinnützigkeit befaßte. Aus der Geschäftsverteilung ist hervorzuheben, daß im Laufe der Zeit der I. Senat vorwiegend Körperschaftsteuersachen, der II. Senat Verkehrsteuerfälle, der III. Senat Bewertungs- und Vermögensteuersachen, der V. Senat Umsatzsteuersachen bearbeiteten und daß sich der IV. und der VI. Senat zu Einkommensteuer- und Gewerbesteuersenaten entwickelten.

3. Die Zeit von 1933 bis 1945 In der Zeit von 1933 bis 1945 wurde am Reichsfinanzhof strukturell nichts geändert. Seine Stellung als ein Träger der dritten Gewalt wurde jedoch mehr und mehr untergraben. Staatssekretär Reinhardt hat bei einer Rede am 13. April 1935 vor dem Reichsfinanzhof gefordert, daß der Reichsfinanzhof nur der Gehilfe des Reichsministers der Finanzen bei der Auslegung der Steuergesetze und bei der Entwicklung des Steuerrechts nach den Grundsätzen der nationalsozialistischen Weltanschauung zu sein habe. Es gelang dennoch, den objektiven Charakter der vom Reichsfinanzhof erlassenen Urteile weitgehend zu wahren. Manche, insbesondere gegen jüdische Mitbürger und kirchliche Organisationen ergangene Entscheidungen waren indessen durch die nationalsozialistische Ideologie geprägt. Das NS-Regime hat auch in unheilvoller Weise auf die Besetzung des Gerichts eingewirkt, augenfällig durch die Vertreibung des damaligen Präsidenten Dr. Dorn aus seinem Amt. Mit dem Zusammenbruch am 8. Mai 1945 endet die Geschichte des Reichsfinanzhofs.

4. Die Präsidenten des Reichsfinanzhofs Präsidenten des Reichsfinanzhofs waren:

Jahn, Gustav	
Wirklicher Geheimer Rat	vom 1. 10. 1918 – 31. 12. 1930
Dr. Dorn, Jul. Hubert	vom 22. 1. 1931 – 31. 12. 1933
Dr. Kloss, Richard	vom 1. 1. 1934 – 1. 12. 1934
Dr. Mirre, Ludwig	vom 1. 4. 1935 – April 1945

5. Der Oberste Finanzgerichtshof Der Gedanke einer getrennten obersten Rechtsprechung für Abgabensachen blieb auch nach dem Zusammenbruch 1945 lebendig. Der Freistaat Bayern hat sich bemüht, die Tradition des alten Reichsfinanzhofs fortzusetzen. Er hat die Organisation des Reichsfinanzhofs in der Form des Obersten Finanzgerichtshofs (OFH) unter Beschränkung auf die Steuern, die im Rahmen der bayerischen Zuständigkeit und seiner territorialen Gebietshoheit lagen, fortgesetzt. Dadurch wurde die Möglichkeit eines raschen Wiedererstehens eines obersten Steuergerichts geschaffen.

Bereits am 25. Juli 1945 wurde der ehemalige Senatspräsident des Reichsfinanzhofs Dr. Heinrich Schmittmann zum Präsidenten des Obersten Finanzgerichtshofs ernannt. Im Jahre 1947 ist es gelungen, diesen Gerichtshof auch zum obersten Steuergericht für die gesamte amerikanische Zone zu bestellen.

6. Errichtung des Bundesfinanzhofs Nachdem die Deutsche Bundesrepublik entstanden war, war auch die Möglichkeit zur Errichtung eines obersten Steuergerichts wieder gegeben. In der britischen und französischen Zone war bis zu diesem Zeitpunkt praktisch kein oberster Gerichtshof in Abgabensachen vorhanden. In der britischen Zone war vielmehr die seinerzeitige Leitstelle der Finanzverwaltung dazu berufen worden, als Rechtsbeschwerdeinstanz zu entscheiden.

Nach Artikel 108 Abs. 6 des Grundgesetzes wird die gesamte Finanzgerichtsbarkeit durch Bundesgesetz einheitlich geregelt. Da eine solche Regelung, u.a. wegen der Zuständigkeit der Bundesländer für die Landesfinanzgerichtsbarkeit, erhebliche Zeit in Anspruch nehmen mußte, wurde vorweg das Gesetz vom 29. Juni 1950 (lediglich) über den Bundesfinanzhof erlassen. Der Bundesfinanzhof hat danach seine Tätigkeit mit Wirkung vom 1. Oktober 1950 aufgenommen. Er wurde als erster der in Artikel 95 des Grundgesetzes genannten obersten Gerichtshöfe des Bundes errichtet.

Die Bezeichnung „Bundesfinanzhof" wurde in Anlehnung an die bisherige Bezeichnung „Reichsfinanzhof" gewählt. Als Standort beließ man es bei München, weil hier „ein geeignetes Gebäude mit den notwendigen Gerätschaften und mit einer vorbildlich eingerichteten Bücherei" zur Verfügung stehe.

Die Entwicklung bei den Finanzgerichten führte dagegen erst in mehreren Schritten – zuletzt mit dem Inkrafttreten der Finanzgerichtsordnung im Jahre 1966 – zu dem Artikel 108 Abs. 6 des Grundgesetzes entsprechenden Ziel.

7. Die Präsidenten des Bundesfinanzhofs Präsidenten des Bundesfinanzhofs waren bzw. sind:

Dr. Schmittmann, Heinrich	vom 21. 10. 1950 – 30. 4. 1951
Dr. Müller, Hans	vom 1. 5. 1951 – 31. 12. 1954
Dr. Heßdörfer, Ludwig	vom 1. 3. 1955 – 31. 1. 1962
Dr.h.c. Mersmann, Wolfgang	vom 21. 5. 1962 – 30. 6. 1970
Prof. Dr. von Wallis, Hugo	vom 1. 7. 1970 – 30. 4. 1978
Prof. Dr. List, Heinrich	vom 1. 5. 1978 – 31. 3. 1983
Prof. Dr. Klein, Franz	vom 1. 4. 1983 – 30. 9. 1994
Prof. Dr. Offerhaus, Klaus	ab 1. 10. 1994

III. Der Aufbau der Finanzgerichtsbarkeit

1. Zum Gerichtsaufbau in der Bundesrepublik Deutschland im allgemeinen Nach dem Prinzip der Teilung der Gewalten, wie es in Artikel 20 Abs. 2 des Grundgesetzes zum Ausdruck kommt, wird die Staatsgewalt durch besondere Organe der Gesetzgebung (Legislative), der vollziehenden Gewalt (Exekutive) und der Rechtsprechung (Judikative) ausgeübt. Die Bedeutung des Gewaltenteilungsprinzips liegt in der politischen Machtverteilung, dem Ineinandergreifen der drei Gewalten und der daraus resultierenden Mäßigung der Staatsherrschaft.

Die sogenannte dritte (rechtsprechende) Gewalt wird nach Artikel 92 des Grundgesetzes durch das Bundesverfassungsgericht (in Karlsruhe), durch die im Grundgesetz vorgesehenen Bundesgerichte und durch die Gerichte der Länder ausgeübt. Nach Artikel 95 Abs. 1 des Grundgesetzes sind im Bund als oberste Gerichtshöfe der **Bundesgerichtshof** (in Karlsruhe), das **Bundesverwaltungsgericht** (in Berlin), der **Bundesfinanzhof** (in München), das **Bundesarbeitsgericht** (in Kassel) und das **Bundessozialgericht** (ebenfalls in Kassel) zu errichten. Das heißt, die Verwaltungsgerichtsbarkeit – Ausübung rechtsprechender Gewalt in öffentlich-rechtlichen Streitigkeiten nichtverfassungsrechtlicher Art – ist in der Bundesrepublik Deutschland aufgeteilt. Sie wird durch die (allgemeine) Verwaltungsgerichtsbarkeit, durch die Sozialgerichtsbarkeit und durch die Finanzgerichtsbarkeit wahrgenommen.

Die allgemeine Verwaltungsgerichtsbarkeit wird durch die Verwaltungsgerichte mit dem Bundesverwaltungsgericht als letzter Instanz, die Sozialgerichtsbarkeit durch die Sozialgerichte mit dem Bundessozialgericht als letzter Instanz und die Finanzgerichtsbarkeit durch die Finanzgerichte mit dem Bundesfinanzhof als letzter Instanz ausgeübt.

Das **Bundesverfassungsgericht** ist – anders als etwa der Supreme Court in den USA – keine zusätzliche Rechtsmittelinstanz. Ihm obliegt insbesondere nicht die Auslegung einfacher (Steuer-)Gesetze; auch die

Beweiswürdigung und die Subsumtion des Sachverhalts ist grundsätzlich allein Sache der sogenannten Fachgerichte. Das Bundesverfassungsgericht ist deshalb bei der Überprüfung finanzgerichtlicher Entscheidungen aufgrund von Verfassungsbeschwerden nicht letzte finanzgerichtliche Instanz. Seine Zuständigkeit beschränkt sich insoweit vielmehr auf die Prüfung, ob die gerichtliche Entscheidung dem Verfassungsrecht entspricht.

2. Finanzgerichtsbarkeit im allgemeinen Der Begriff Finanzgerichtsbarkeit (§ 1 der Finanzgerichtsordnung) bringt zum einen zum Ausdruck, daß jemand, der durch die öffentliche Gewalt in seinen Rechten verletzt ist, den Rechtsweg zu den Gerichten beschreiten kann (Artikel 19 Abs. 4 des Grundgesetzes), zum anderen die Kompetenz dieses Zweiges der Gerichtsbarkeit innerhalb der rechtsprechenden Gewalt. Das heißt, der Weg zur Finanzgerichtsbarkeit ist gegeben

(1) in öffentlich-rechtlichen Streitigkeiten über Abgabenangelegenheiten, soweit die Abgaben der Gesetzgebung des Bundes unterliegen und durch Bundesfinanzbehörden oder Landesfinanzbehörden verwaltet werden,

(2) in öffentlich-rechtlichen Streitigkeiten über die Vollziehung von Verwaltungsakten in anderen als den in Nummer 1 bezeichneten Angelegenheiten, soweit die Verwaltungsakte durch Bundesfinanzbehörden oder Landesfinanzbehörden nach den Vorschriften der Abgabenordnung zu vollziehen sind,

(3) in öffentlich-rechtlichen und berufsrechtlichen Streitigkeiten über Angelegenheiten, die sich aus dem Steuerberatungsgesetz ergeben,

(4) in anderen als den in den Nummern 1 bis 3 bezeichneten öffentlich-rechtlichen Streitigkeiten, soweit für diese durch Bundesgesetz oder Landesgesetz der Finanzrechtsweg eröffnet ist.

Was als öffentlich-rechtliche Streitigkeit nicht der Finanzgerichtsbarkeit zugewiesen ist, fällt unter die Zuständigkeit der Verwaltungsgerichte. Diese sind deshalb insbesondere für Gemeindesteuern (z.B. Hundesteuer, Vergnügungsteuer, Gewerbesteuer), aber zum Teil auch für Kirchensteuern zuständig. Man wird grundsätzlich sagen können, daß die Finanzgerichtsbarkeit dem Bürger Rechtsschutz zu gewähren hat, wenn er durch Maßnahmen der Finanzbehörden (insbesondere Finanzämter, Hauptzollämter) in Steuer-, Zoll- oder Finanzmonopolsachen in seinen Rechten verletzt wird.

Die Finanzgerichtsbarkeit ist – anders als die anderen Gerichtsbarkeiten – nur zweistufig aufgebaut.

Während es im Landesbereich bei der allgemeinen Verwaltungsgerichtsbarkeit Verwaltungsgerichte und – als zweite Instanz – Oberverwaltungsgerichte (Verwaltungsgerichtshöfe) sowie bei der Sozialgerichtsbarkeit Sozialgerichte und – als zweite Instanz – Landessozialgerichte gibt, sind Gerichte der Finanzgerichtsbarkeit in den Ländern lediglich die Finanzgerichte als obere Landesgerichte und im Bund der Bundesfinanzhof (§ 2 der Finanzgerichtsordnung). Es wird zwar ab und zu der Ruf nach einer Dreistufigkeit bei der Finanzgerichtsbarkeit laut. Andererseits gibt es auch Erwägungen, die Dreistufigkeit in den anderen Gerichtsbarkeiten abzubauen. Grundsätzlich dürfte sich am derzeitigen Aufbau in nächster Zeit kaum etwas ändern.

Gegen Akte der Finanzbehörden kann der Bürger regelmäßig Einspruch einlegen. Über dieses Rechtsmittel entscheiden die Finanzbehörden (Finanzämter, Hauptzollämter), die den angefochtenen Verwaltungsakt erlassen haben. Erst wenn dieses Verwaltungsvorverfahren abgeschlossen ist (insoweit gibt es allerdings auch Ausnahmen), kann eine Klage beim Finanzgericht erhoben werden. Gegen die Entscheidung der Finanzgerichte ist regelmäßig Revision oder Beschwerde zum Bundesfinanzhof für denjenigen statthaft, der durch die Entscheidung des Finanzgerichts beschwert ist, dessen Begehren also nicht (voll) entsprochen wurde (vgl. V.).

Die Richter in der Finanzgerichtsbarkeit sind nach dem Deutschen Richtergesetz unabhängig. Die Entscheidung durch am Rechtsstreit unbeteiligte Organe gewährleistet ein hohes Maß an Objektivität. Zugleich bedingt die Trennung von Verwaltung und Gericht auch die Beschränkung der Finanzgerichtsbarkeit auf die Rechtskontrolle. Soweit die Finanzbehörde sog. Ermessensentscheidungen treffen darf (z.B. ob sie im Falle einer Nichteinbehaltung von Lohnsteuern dafür den Arbeitgeber oder den Arbeitnehmer in Anspruch nimmt), darf das Finanzgericht grundsätzlich nur prüfen, ob die angegriffene Ermessensentscheidung auf Ermessensüberschreitung oder Ermessensfehlgebrauch beruht. Die Gerichte der Finanzgerichtsbarkeit prüfen also lediglich die Rechtmäßigkeit behördlichen Tuns oder Unterlassens bei der gegebenen Sachlage, nicht aber dessen Zweckmäßigkeit. Dies erscheint auch vertretbar, zumal im Rahmen des Einspruchsverfahrens vor dieser richterlichen Rechtskontrolle noch eine behördeninterne Kontrolle auf Recht- und Zweckmäßigkeit durchgeführt wird.

In der Bundesrepublik gibt es 19 Finanzgerichte mit derzeit insgesamt etwa 600 Berufsrichtern. Die Finanzgerichte sind sog. obere Landesgerichte. In einzelnen Bundesländern ist jedoch mehr als nur ein Finanzgericht eingerichtet. Es gibt das Finanzgericht Baden-Württemberg (mit Sitz in Karlsruhe und Außensenaten in Stuttgart und Freiburg), das Finanzgericht Berlin, das Finanzgericht des Landes Brandenburg (in Cottbus), das Finanzgericht Bremen, das Finanzgericht Düsseldorf, das Finanzgericht Hamburg, das Hessische Finanzgericht (in Kassel), das Finanzgericht Köln, das Finanzgericht Mecklenburg-Vorpommern (in Greifswald), das Finanzgericht München, das Finanzgericht Münster, das Niedersächsische Finanzgericht (in Hannover), das Finanzgericht Nürnberg, das Finanzgericht Rheinland-Pfalz (in Neustadt a.d. Weinstraße), das Finanzgericht des Saarlandes (in Saarbrücken), das Finanzgericht des Landes Sachsen-Anhalt (in Dessau), das Sächsische Finanzgericht (in Leipzig), das Schleswig-Holsteinische Finanzgericht (in Kiel) und das Thüringer Finanzgericht (in Gotha).

Die Finanzgerichte entscheiden durch ihre Senate regelmäßig in der Besetzung von drei Berufs- und zwei ehrenamtlichen Richtern. Bei Beschlüssen außerhalb der mündlichen Verhandlung und bei Gerichtsbescheiden wirken die ehrenamtlichen Richter nicht mit. Fälle, in denen die Rechtsfragen nicht von grundsätzlicher Bedeutung sind und die keine besonderen Schwierigkeiten tatsächlicher oder rechtlicher Art aufweisen, können auf den Einzelrichter zur Entscheidung übertragen werden (§ 6 der Finanzgerichtsordnung). Mit Einverständnis des Verfahrensbeteiligten kann auch sonst der Einzelrichter entscheiden (§ 79 a Abs. 3 und 4 der Finanzgerichtsordnung).

Derzeit sind bei den Finanzgerichten im ganzen Bundesgebiet etwa 80 000 Verfahren anhängig. Jährlich kommen rund 66 000 neue hinzu.

Erledigt werden jährlich nahezu ebensoviele Fälle. Das heißt, die Zahl der rückständigen Fälle ist derzeit geringfügig steigend. Sie dürfte noch weiter zunehmen, weil aufgrund des neuen Kindergeldrechts und aufgrund des Ausbaues der Finanzverwaltung in den neuen Bundesländern mit zahlreichen neuen Verfahren gerechnet werden muß.

Von den durch die Finanzgerichte erledigten Fällen werden regelmäßig 5 bis 6 v.H. mit Rechtsmitteln zum Bundesfinanzhof angefochten.

IV. Der organisatorische Aufbau des Bundesfinanzhofs

1. Die einzelnen Senate Beim Bundesfinanzhof sind derzeit elf Senate mit jeweils einem Senatsvorsitzenden – Vorsitzender Richter am Bundesfinanzhof – und regelmäßig fünf Richtern – Richter am Bundesfinanzhof – tätig. Die Richterzahl beträgt insgesamt 61.

Die Senate des Bundesfinanzhofs entscheiden in der Besetzung von fünf Richtern (Vorsitzender + vier Richter), bei Beschlüssen außerhalb der mündlichen Verhandlung in der Besetzung von drei Richtern.

Da die einzelnen Senate zum Teil mit insgesamt sechs Richtern besetzt sind, das Erfordernis des gesetzlichen Richters (Artikel 101 Abs. 1 Satz 2 des Grundgesetzes) indessen verlangt, daß die Person der entscheidenden Richter von vornherein feststeht, ist in den Senaten geregelt, welcher Richter jeweils in den einzelnen Verfahren ausscheidet.

Die Zuständigkeitsabgrenzung zwischen den Senaten ist durch den sogenannten Geschäftsverteilungsplan (vgl. Anhang 1) festgelegt. Er wird vom Präsidium (siehe dazu XII. 1. a) beschlossen. Das Präsidium bestimmt auch, welchen Senaten die einzelnen Richter zugewiesen werden (vgl. auch dazu den Geschäftsverteilungsplan, Anhang 1).

Nach dem derzeitigen Geschäftsverteilungsplan (der jährliche Geschäftsverteilungsplan liegt im Bundesfinanzhof zur Einsicht auf; er wird auch im Bundes-Anzeiger und in weiteren Publikationen veröffentlicht) ergibt sich für die einzelnen Senate im wesentlichen (vgl. im einzelnen Anhang 1) folgende Geschäftsverteilung:

I. Senat: Körperschaftsteuer (für Kapitalgesellschaften); Einkommensteuer, insbesondere wenn Fragen der beschränkten Steuerpflicht, des Außensteuergesetzes oder der Auslegung von Doppelbesteuerungsabkommen streitig sind; Kapitalverkehrsteuer und Kirchensteuer

II. Senat: Einheitsbewertung; Erbschaft- und Schenkungsteuer; Grunderwerbsteuer; Grundsteuer und sonstige Verkehrsteuern

III. Senat: Einkommensteuer betreffend die Einkünfte aus Gewerbebetrieb natürlicher Personen; Einkommensteuer betreffend außergewöhnliche Belastungen; Investitionszulagen

IV. Senat: Einkommensteuer betreffend Einkünfte aus Land- und Forstwirtschaft sowie aus selbständiger Arbeit; Einkünfte aus Gewerbebetrieb, aus Land- und Forstwirtschaft und aus selbständiger Arbeit für Personengesellschaften

V. Senat: Umsatzsteuer

VI. Senat: Einkommensteuer betreffend Einkünfte aus nichtselbständiger Arbeit; Lohnsteuer; Vermögenswirksame Leistungen und Steuerermäßigungen nach den Vermögensbildungsgesetzen

VII. Senat: Zölle- und Verbrauchsteuern sowie Marktordnungssachen; allgemeines Abgabenrecht; Kraftfahrzeugsteuer

VIII. Senat: Einkommensteuer betreffend Einkünfte aus Gewerbebetrieb natürlicher Personen; Einkünfte aus Kapitalvermögen sowie Einkünfte aus Gewerbebetrieb für Personengesellschaften

IX. Senat: Einkommensteuer betreffend Einkünfte aus Vermietung und Verpachtung sowie Eigenheimzulage

X. Senat: Einkommensteuer betreffend die Einkünfte aus Gewerbebetrieb natürlicher Personen; Sonderausgaben; Wohnungsbau-Prämien; Spar-Prämien

XI. Senat: Einkommensteuer betreffend die Einkünfte aus Gewerbebetrieb natürlicher Personen und von Personengesellschaften; Verlustabzug nach § 10 d EStG sowie Abfindungen und Entschädigungen bei Auflösung eines Dienstverhältnisses; ferner Umsatzsteuer.

Aus dem Geschäftsverteilungsplan (Anhang 1) ergibt sich im einzelnen, welcher Senat in einem Einzelfall zuständig ist, soweit in zwei oder mehreren Senaten dieselbe Rechtsmaterie bearbeitet wird (z.B. im III. und im VIII. Senat die Einkommensteuer betreffend Einkünfte aus Gewerbebetrieb natürlicher Personen). Die vorstehende Auflistung macht auch deutlich, daß etliche Steuerrechtsfragen gleichen Inhalts bei verschiedenen Senaten anhängig sein können. So entscheiden z.B. über den Betriebsausgabenbegriff der I., III., IV., VIII., X. und der XI. Senat, über die Auslegung des Werbungskostenbegriffs der VI., VIII. und der IX. Senat. Dies kann zu unterschiedlichen Auffassungen (Divergenzen) zu derselben Rechtsfrage führen, die dann durch den Großen Senat beseitigt werden müssen (vgl. nachfolgend IV. 2.).

2. Der Große Senat In Verfahrensfragen, aber auch in Sachfragen (hier insbesondere bei der Einkommensteuer und Gewerbesteuer) kann es zwischen den einzelnen Senaten bei Entscheidung derselben Rechtsfrage unterschiedliche Auffassungen geben (z.B. ein Senat hat bereits einmal entschieden, daß Geldbußen nicht als Betriebsausgaben abziehbar sind, bei einem anderen Senat ist nun dieselbe Frage anhängig und dieser möchte die Abziehbarkeit bejahen). Für diesen Fall muß der Senat, der in einer Rechtsfrage von einer (bereits früher getroffenen) Entscheidung eines anderen Senats abweichen will, beim anderen Senat anfragen, ob er an seiner (früher vertretenen) Rechtsauffassung festhält. Will der andere Senat an seiner Rechtsauffassung festhalten, muß der Senat, der die neue Rechtsauffassung durchsetzen möchte, den Großen Senat des Bundesfinanzhofs anrufen (§ 11 der Finanzgerichtsordnung). Ein Senat kann darüber hinaus eine grundsätzliche Rechtsfrage – ohne daß eine Abweichung von einem anderen Senat vorliegt – dem Großen Senat zur Entscheidung vorlegen, wenn nach seiner Auffassung die Fortbildung des Rechts oder die Sicherung einer einheitlichen Rechtsprechung dies erfordert.

Der beim Bundesfinanzhof eingerichtete Große Senat hat sodann über die vorgelegte Rechtsfrage zu entscheiden. Dem Großen Senat gehören der Präsident des Bundesfinanzhofs und je ein Richter der Senate an, in denen der Präsident nicht den Vorsitz führt. Der Große Senat des Bundesfinanzhofs hat demnach (bei insgesamt elf Senaten) elf Mitglieder (vgl. zur derzeitigen Besetzung des Großen Senats im einzelnen Anhang 1).

Der Große Senat entscheidet nur über die ihm vorgelegte Rechtsfrage. Seine Entscheidung ist in der vorliegenden Sache für den vorlegenden Senat bindend.

3. Der Gemeinsame Senat der obersten Gerichtshöfe des Bundes Will ein Senat des Bundesfinanzhofs in einer Rechtsfrage von der Entscheidung eines anderen obersten Gerichtshofes des Bundes (vgl. III. 1.) abweichen, so hat zur Wahrung der Einheitlichkeit der Rechtsprechung der sogenannte Gemeinsame Senat der obersten Gerichtshöfe zu entscheiden. Das Verfahren beim Gemeinsamen Senat ergibt sich im einzelnen aus dem Gesetz zur Wahrung der Einheitlichkeit der Rechtsprechung der obersten Gerichtshöfe des Bundes.

4. Ressortzugehörigkeit Der Bundesfinanzhof unterstand vor 1970 organisatorisch dem Bundesministerium der Finanzen, was seiner Rechtsprechung manches Mal den – sicher unberechtigten – Vorwurf der „Hausgerichtsbarkeit" einbrachte. Er ist nunmehr – wie der Bundesgerichtshof und das Bundesverwaltungsgericht – ressortmäßig dem Bundesministerium der Justiz zugeordnet (das Bundesarbeitsgericht und das Bundessozialgericht dem Bundesministerium für Arbeit und Sozialordnung).

5. Die Stellung der Richter Die Richter am Bundesfinanzhof sind – wie alle Richter in der Bundesrepublik Deutschland – nach dem Deutschen Richtergesetz unabhängig und nur dem Gesetz unterworfen. Der zum Bundesfinanzhof gewählte und ernannte Richter kann deshalb weder – wie der Inhaber eines Regierungs- oder anderen politischen Amtes – abberufen noch – wie der Beamte – im dienstlichen Interesse auch ohne seine Zustimmung in ein anderes Amt versetzt werden noch unterliegt er dienstlichen Weisungen über die Art der Wahrnehmung seiner Amtsaufgaben.

V. Das Verfahren beim Bundesfinanzhof

1. Gesetzliche Grundlagen Das Verfahren in der Finanzgerichtsbarkeit ist in der Finanzgerichtsordnung vom 6. Oktober 1965 und dem Gesetz zur Entlastung des Bundesfinanzhofs geregelt. In diesen Gesetzen ist zum Teil auf die Grundsätze des zivilgerichtlichen Verfahrens in der Zivilprozeßordnung verwiesen.

2. Revisionen

a) Der Bundesfinanzhof entscheidet in der Regel auf Revision gegen ein Urteil des Finanzgerichts über die richtige Anwendung von Bundesrecht; er ist insofern reine Rechtsinstanz. Von Ausnahmen (vor allem in Zulässigkeitsfragen) abgesehen, hat der Bundesfinanzhof also keine Tatsachen festzustellen und zu würdigen. Das obliegt den Finanzgerichten. Diese haben deshalb den genauen Sachverhalt zu ermitteln, z.B. ob ein Unternehmen bestimmte Zahlungen tatsächlich geleistet hat. Der Bundesfinanzhof entscheidet nur die Rechtsfrage, ob diese Zahlungen als Betriebsausgaben beurteilt und deshalb gewinnmindernd steuerlich berücksichtigt werden können. Sind für seine Entscheidung wesentliche Tatsachen noch ungeklärt, muß er die Sache an das Finanzgericht zurückverweisen.

   Fragen des Landesrechts sind vom Bundesfinanzhof grundsätzlich nicht zu entscheiden; hierfür sind die Finanzgerichte ausschließlich zuständig.

   In wenigen Ausnahmefällen war bis Ende 1992 der Bundesfinanzhof über seine Revisionszuständigkeit hinaus erste und letzte Tatsachen- sowie Rechtsinstanz. Gemäß § 37 der Finanzgerichtsordnung konnte in besonderen Fällen beim Bundesfinanzhof auch eine Klage erhoben werden. Die Vorschrift wurde gestrichen. Entsprechende Klagen sind nunmehr ausschließlich bei den Finanzgerichten einzulegen.

b) Revision zum Bundesfinanzhof kann grundsätzlich nur eingelegt werden, wenn das Finanzgericht oder der Bundesfinanzhof die Revision zugelassen hat. (Die bis 1985 zulässig gewesene Streitwertrevision bei einer Revisionssumme von mehr als 10000 DM ist abgeschafft worden. Es wird derzeit aber wieder die Einführung einer Streitwertrevision – mit einer Wertgrenze von 60 000 DM – diskutiert.) Das Finanzgericht kann die Revision wegen grundsätzlicher Bedeutung der Rechtssache oder wegen Abweichung seiner Entscheidung von einer Entscheidung des Bundesfinanzhofs oder des Gemeinsamen Senats der obersten Gerichtshöfe des Bundes zulassen.

   Über Revisionen entscheidet der Bundesfinanzhof durch Urteil, es sei denn, die Sache ist (aus formalen Gründen) unzulässig. In letzterem Fall ergeht kein Urteil, sondern ein Beschluß. Ausnahmsweise ist auch bei einer Unbegründetheit der Revision eine Entscheidung durch Beschluß möglich, wenn der Senat die Sache einstimmig für unbegründet und eine mündliche Verhandlung nicht für erforderlich hält (vgl. VII. 2.).

3. Nichtzulassungsbeschwerden Hat das Finanzgericht die Revision gegen sein Urteil nicht zugelassen, so kann auf Beschwerde – sogenannte Nichtzulassungsbeschwerde – das Finanzgericht oder, wenn dieses nicht abhilft, der Bundesfinanzhof die Revision gegen ein Urteil des Finanzgerichts zulassen. Eine solche Revisionszulassung durch den Bundesfinanzhof kommt in Betracht, wenn

1. die Rechtssache grundsätzliche Bedeutung hat oder
2. das Urteil von einer Entscheidung des Bundesfinanzhofs oder des Gemeinsamen Senats der obersten Gerichtshöfe des Bundes abweicht und auf dieser Abweichung beruht oder
3. bei einem geltend gemachten Verfahrensmangel die angefochtene Entscheidung auf dem Verfahrensmangel beruhen kann.

4. Beschwerden Gegen Entscheidungen der Finanzgerichte, die nicht Urteile sind, kann regelmäßig Beschwerde zum Bundesfinanzhof eingelegt werden. Im Beschwerdeverfahren ist der Bundesfinanzhof Rechts- und Tatsacheninstanz. Er entscheidet insoweit durch Beschluß.

5. Anträge Neben den vorbezeichneten Rechtsmitteln können noch andere Verfahren beim Bundesfinanzhof anhängig gemacht werden, so z.B. Anträge auf Gewährung von Prozeßkostenhilfe. Auch darüber wird durch Beschluß entschieden.

6. Vertretungszwang Vor dem Bundesfinanzhof besteht Vertretungszwang. Das heißt, grundsätzlich müssen alle Rechtsmittel zum Bundesfinanzhof durch einen Rechtsanwalt, Steuerberater oder Wirtschaftsprüfer eingelegt und begründet werden. Dies gilt allerdings nicht für Behörden; für sie besteht ein sogenanntes Behördenprivileg. Danach können sie sich auch durch Beamte oder Angestellte vertreten lassen, die die Befähigung zum Richteramt haben.

7. Verfahrensbeteiligte Ein Rechtsmittel zum Bundesfinanzhof kann nur derjenige einlegen, der durch die Entscheidung des Finanzgerichts beschwert ist, mit seinem Begehren also keinen (vollen) Erfolg gehabt hat (unterlegen ist). Beteiligter an dem Verfahren vor dem Bundesfinanzhof ist regelmäßig der Rechtsmittelführer und sein Gegner aus der Vorinstanz, also beim Finanzgericht. Legt der Steuerpflichtige, der beim Finanzgericht geklagt hat (der Kläger), Rechtsmittel beim Bundesfinanzhof ein, so ist er mithin Beteiligter dieses Verfahrens. Sein Rechtsmittelgegner ist der Beklagte des vorinstanzlichen Verfahrens, nämlich die Finanzbehörde (z.B. Finanzamt, Hauptzollamt).

Die Rechtsmittel wurden eingelegt:

	Von Steuerpflichtigen:	Von der Finanzverwaltung:
1989	2 622	719
1990	3 368	616
1991	2 788	500
1992	3 037	536
1993	3 175	544
1994	3 108	594
1995	3 149	425
1996	3 037	418

Die Rechtsmittel der Finanzverwaltung beliefen sich in diesem Zeitraum also auf 12 bis 21,5 v.H. der gesamten Rechtsmittel.

Denkbar ist aber auch, daß der Beklagte der Vorinstanz, also die Finanzbehörde, eines der vorbezeichneten Rechtsmittel zum Bundesfinanzhof einlegt. Dann wird der Kläger beim Finanzgericht zum Rechtsmittelgegner (Revisionsbeklagter, Beschwerdegegner) beim Bundesfinanzhof.

Beteiligter am Verfahren beim Bundesfinanzhof kann zusätzlich der Bundesminister der Finanzen sein (§ 122 der Finanzgerichtsordnung). Er kann einem Verfahren z.B. beitreten, wenn er die streitige Rechtsfrage für Parallelverfahren für bedeutsam erachtet und meint, entscheidungserhebliche rechtliche Gesichtspunkte allgemeiner Art vorbringen zu können.

VI. Der Verfahrensablauf beim Bundesfinanzhof im einzelnen

1. Registrierung und Eingangsbearbeitung Wenn ein neues Verfahren beim Bundesfinanzhof anhängig gemacht wird, wird es bei der zuständigen (IV. 1.) Senatsgeschäftsstelle registriert. Es bekommt ein Aktenzeichen, z.B. V R 28/97. Ein solches Aktenzeichen besagt, daß das Verfahren beim V. Senat des Bundesfinanzhofs anhängig ist (V), daß es eine Revision ist (R) und daß es als 28. Revisionsverfahren des V. Senats im Jahre 1997 registriert wurde.

Ein großes „B" (anstatt „R") im Aktenzeichen macht deutlich, daß es sich um ein Beschwerdeverfahren, und ein „S", daß es sich um eine sonstige Verfahrenssache (Antrag) handelt (vgl. auch V.).

Die Geschäftsstelle übersendet dem jeweiligen Verfahrensgegner die Schriftsätze des anderen und fordert zur Stellungnahme hierzu auf. Der Senatsvorsitzende wirkt schon in diesem Verfahrensstadium darauf hin, daß Formfehler beseitigt, sachdienliche Anträge gestellt sowie unklare Anträge erläutert werden (§ 76 der Finanzgerichtsordnung). Er bestellt, sobald die Sache „ausgeschrieben" ist – also sobald weitere Stellungnahmen der Verfahrensbeteiligten nicht mehr zu erwarten sind –, für jede Sache einen Richter zum Berichterstatter. In Urteilssachen (vgl. V. 2. c) wird darüber hinaus ein weiterer Richter als Mitberichterstatter bestimmt (in Beschlußsachen – vgl. V. 2. bis 5. – kann ein Mitberichterstatter bestimmt werden).

2. Die Aktenbearbeitung Der Berichterstatter erstellt anhand der Aktenlage einen Bericht mit Sachverhaltsdarstellung, Wiedergabe der Prozeßgeschichte und einem begründeten Entscheidungsvorschlag. Der Mitberichterstatter nimmt zu diesem Bericht Stellung. Danach wird in der nächsten Sitzung des betreffenden Senats – die Sitzungen finden regelmäßig wöchentlich an allgemein für jeden Senat festgelegten Wochentagen statt – die Sache anhand des Berichts und des Mitberichts – meist ohne mündliche Verhandlung (vgl. dazu nachfolgend 3.) – beraten und über sie abgestimmt. Abstimmung und Beratung sind nicht öffentlich. Sie sind geheim; darüber darf also auch später nicht berichtet werden. Selbst die Verfahrensbeteiligten erfahren nicht, wie die einzelnen Richter über den Fall dachten.

Im Einzelfall überstimmte Richter haben die getroffene Entscheidung ebenso zu unterschreiben wie die Richter, die die Entscheidung für zutreffend halten. Nicht nur das Beratungsergebnis bleibt geheim; auch das Stimmenverhältnis darf nicht mitgeteilt werden. Es gibt demgemäß auch nicht – wie beim Bundesverfassungsgericht – die Möglichkeit, eine abweichende Auffassung (Sondervotum; dissenting opinion) der Entscheidung anzufügen.

3. Die mündliche Verhandlung

a) Grundsätzlich hat der Bundesfinanzhof in Urteilssachen (Sachentscheidungen in Revisions- oder Klageverfahren) aufgrund mündlicher Verhandlung zu entscheiden. Er kann jedoch auch ohne mündliche Verhandlung durch sogenannten Gerichtsbescheid oder mit Einverständnis der Beteiligten ohne mündliche Verhandlung sofort durch Urteil entscheiden.

   In einer großen Zahl der Fälle verzichten die Verfahrensbeteiligten auf eine mündliche Verhandlung, so daß der Bundesfinanzhof ohne eine solche unmittelbar durch sofort rechtskräftig werdendes Urteil entscheiden kann. Liegt kein solcher Verzicht vor, erkennt der Bundesfinanzhof zunächst regelmäßig durch Gerichtsbescheid. Gegen diesen können die Verfahrensbeteiligten innerhalb eines Monats Antrag auf mündliche Verhandlung stellen. Wird ein solcher Antrag nicht (rechtzeitig) gestellt, wirkt der Gerichtsbescheid als rechtskräftiges Urteil.

   Wird auf einen Gerichtsbescheid rechtzeitig mündliche Verhandlung beantragt, ist eine solche durchzuführen und auf ihrer Grundlage erneut, nunmehr durch rechtskräftiges Urteil zu entscheiden. Dabei kann der Bundesfinanzhof in dem Urteil von einer weiteren Darstellung des Tatbestandes und der Entscheidungsgründe absehen, soweit er der Begründung des Gerichtsbescheides folgt und er dies in seiner Entscheidung feststellt.

Allerdings kann der Bundesfinanzhof auch unmittelbar – ohne vorherigen Erlaß eines Gerichtsbescheids – eine mündliche Verhandlung anberaumen und danach durch Urteil entscheiden. Tatsächlich werden Revisionssachen indessen insgesamt nur zu etwa 8 bis 12 v.H. nach mündlicher Verhandlung entschieden, weil die Verfahrensbeteiligten entweder von vornherein auf mündliche Verhandlung verzichten oder – nach Ergehen eines Gerichtsbescheids – keinen Antrag auf mündliche Verhandlung stellen.

b) In Beschlußsachen (meist Beschwerdeverfahren oder Revisionen, die unzulässig sind, vgl. V. 2. bis 5.) bedarf es für eine Entscheidung des Bundesfinanzhofs keiner mündlichen Verhandlung. In seltenen Fällen fand bisher insoweit gleichwohl eine mündliche Verhandlung statt.

c) Nimmt man sämtliche Entscheidungen des Bundesfinanzhofs (Urteile, Gerichtsbescheide und Beschlüsse) zusammen, so entscheidet er regelmäßig nur in etwa 3 bis 5 v.H. der Fälle aufgrund mündlicher Verhandlung. Im Jahre 1996 wurden beim Bundesfinanzhof insgesamt 3610 Sachen erledigt; 86 davon wurden aufgrund mündlicher Verhandlung entschieden. Dabei wurde in 27 Fällen eine mündliche Verhandlung unmittelbar (ohne Gerichtsbescheid) und in 59 Fällen nach Erlaß eines Gerichtsbescheids und Antrag auf mündliche Verhandlung durchgeführt.

Zahl der mündlichen Verhandlungen:

1989	=	146 Fälle
1990	=	138 Fälle
1991	=	124 Fälle
1992	=	132 Fälle
1993	=	166 Fälle
1994	=	93 Fälle
1995	=	131 Fälle
1996	=	86 Fälle

VII. Die Belastung des Bundesfinanzhofs

1. Erledigungen und Verfahrensdauer Beim Bundesfinanzhof sind derzeit rund 3 500 Verfahren anhängig. Jährlich kommen etwa ebenso viele neue Fälle hinzu, während im gleichen Zeitraum rund 3 600 Fälle erledigt werden können. Die Rückstände nehmen also seit einigen Jahren geringfügig ab.

	Die Eingänge betrugen:	Die Erledigungen betrugen:
1989	3 341	3 679
1990	3 984	3 955
1991	3 288	3 698
1992	3 573	4 098
1993	3 779	3 949
1994	3 702	3 604
1995	3 574	3 574
1996	3 455	3 610

	Die Rückstände betrugen:
am 31. 12. 1988	4 781
am 31. 12. 1989	4 443
am 31. 12. 1990	4 472
am 31. 12. 1991	4 062
am 31. 12. 1992	3 537
am 31. 12. 1993	3 367
am 31. 12. 1994	3 465
am 31. 12. 1995	3 465
am 31. 12. 1996	3 310

Die Verfahrensdauer beim Bundesfinanzhof beträgt derzeit durchschnittlich zwar nur 12 Monate. Diese relativ niedrige Durchschnittszahl beruht aber vor allem darauf, daß sich insbesondere Beschlußsachen (Beschwerden, Nichtzulassungsbeschwerden, unzulässige Revisionen) regelmäßig leichter und damit schneller erledigen lassen. Es ist dagegen keinesfalls ungewöhnlich, daß einzelne (Revisions-) Verfahren vier und fünf Jahre bis zu ihrer Entscheidung dauern. (Dies ist insbesondere der Fall, wenn für die Revisionsentscheidung der Ausgang eines vorgreifenden Verfahrens beim Großen Senat des Bundesfinanzhofs, beim Bundesverfassungsgericht oder beim Europäischen Gerichtshof abgewartet werden muß.) Wenn man bedenkt, daß diese Verfahren zuvor noch das Verwaltungsvorverfahren und das Verfahren bei den Finanzgerichten durchlaufen mußten, kann man sich leicht vorstellen, daß manche Sache erst nach insgesamt acht Jahren (vom Zeitpunkt der Veranlagung durch das Finanzamt an gerechnet) durch den Bundesfinanzhof rechtskräftig abgeschlossen werden kann.

2. Entlastungsmaßnahmen Die Belastung des Bundesfinanzhofs, vor allem aber die Dauer der Verfahren hat den Gesetzgeber zu Entlastungsmaßnahmen veranlaßt. Für den Bundesfinanzhof ist dies geschehen durch das Gesetz zur Entlastung des Bundesfinanzhofs, das am 15. September 1975 in Kraft getreten und seitdem wiederholt verlängert worden ist. Die wichtigsten Maßnahmen dieses Gesetzes sind: Einführung des Vertretungszwangs (vgl. hierzu V. 6.), Erhöhung der Streitwertgrenze von zunächst 1000 DM auf 10 000 DM (vgl. hierzu V. 2. b), Möglichkeit der Entscheidung über die Revision ohne Begründung, wenn der Senat die Revision einstimmig für unbegründet und eine mündliche Verhandlung nicht für erforderlich hält, und die Beteiligten vorher davon unterrichtet und dazu gehört worden sind. Auch muß die Entscheidung über Nichtzulassungsbeschwerden nicht mehr mit Gründen versehen werden. Im Jahre 1985 wurde die Streitwertrevision abgeschafft (vgl. hierzu V. 2. b); über ihre Wiedereinführung – allerdings bei einer wesentlich höheren Streitwertgrenze – wird im parlamentarischen Bereich diskutiert.

Diese Entlastungsmaßnahmen schränken allerdings den Rechtsschutz für die Steuerpflichtigen zum Teil ein, was zwar verfassungsrechtlich haltbar ist, da den Steuerpflichtigen jedenfalls eine Gerichtsinstanz verbleibt. Erfreulich ist das aber insbesondere deshalb nicht, weil die Finanzgerichtsbarkeit ohnedies nur zweistufig aufgebaut ist (vgl. III. 2.).

VIII. Die Bedeutung der Entscheidungen des Bundesfinanzhofs, Veröffentlichungen

1. Einzelfallgerechtigkeit Durch die Entscheidungen des Bundesfinanzhofs wird der betreffende Einzelfall zwischen den Verfahrensbeteiligten rechtskräftig geklärt; es wird insoweit der Rechtsfriede hergestellt. Die Entscheidung ist grundsätzlich nur für die Verfahrensbeteiligten des konkreten Gerichtsverfahrens bindend (vgl. § 110 Abs. 1 der Finanzgerichtsordnung). Es bleibt den Steuerpflichtigen übrigens unbenommen, dieselbe Rechtsfrage für ein anderes Streitjahr erneut vor die Finanzgerichte zu bringen und also auch erneut vom Bundesfinanzhof überprüfen zu lassen.

2. Grundsatzentscheidungen Aufgabe eines Revisionsgerichts ist es aber auch und vor allem, allgemeine Grundsätze herauszuarbeiten und für die Einheitlichkeit der Rechtsanwendung zu sorgen. Unsicherheiten und Unklarheiten in den Steuergesetzen können regelmäßig erst durch die Rechtsprechung des Bundesfinanzhofs beseitigt werden. Auch systematische Zusammenhänge werden vielfach erst durch diese Rechtsprechung dargelegt und verdeutlicht.

Sind Entscheidungsergebnisse oder Grundaussagen des Bundesfinanzhofs derartig bedeutsam, besteht ein Bedürfnis, sie der Fachöffentlichkeit mitzuteilen, damit diese die Aussagen künftig in gleichliegenden Fällen beachtet oder bei ähnlichen Gestaltungen entsprechend anwendet. Eine Veröffentlichung solcher Entscheidungen ist deshalb geboten.

Zwar werden durch eine Veröffentlichung andere Steuerpflichtige, ihre steuerlichen Berater und auch die Finanzverwaltung nicht gebunden. Regelmäßig werden die Erkenntnisse des obersten Steuergerichts aber von den Gesetzesanwendern auf alle Parallelfälle übertragen.

Die Praxis orientiert sich also an den (beispielgebenden, zur Veröffentlichung bestimmten) Entscheidungen des Bundesfinanzhofs. Dies wird noch dadurch verdeutlicht, daß die Finanzverwaltung zahlreiche veröffentlichte Entscheidungen des Bundesfinanzhofs in ihre Steuerrichtlinien übernimmt, die für die Finanzbeamten verbindlich sind. Präjudizien des Bundesfinanzhofs werden demnach zumeist wie geltendes Recht angesehen. Natürlich sind sie nicht geltendes Recht im gleichen Sinn wie es ein Gesetz ist. Indem sie aber das Gesetz in einer bestimmten Weise auslegen, diese Auslegung für Rechtens erklären und sich die Normadressaten (grundsätzlich) danach richten, wirken sie wie Recht.

In seltenen Fällen erläßt die Finanzverwaltung sog. Nichtanwendungserlasse. Das heißt, sie ordnet an, daß die vom Bundesfinanzhof getroffene Entscheidung über den konkret entschiedenen Einzelfall hinaus nicht angewendet werden soll. Dies bewirkt, daß der Bundesfinanzhof dieselbe Rechtsfrage alsbald nochmals überprüfen muß. Kommt er im Rahmen einer neuen Entscheidung wiederum zu dem von ihm bereits im ersten Verfahren gefundenen Ergebnis, wendet die Finanzverwaltung die nunmehr gefestigte Rechtsprechung grundsätzlich auf alle Parallelfälle an.

3. Die Veröffentlichungspraxis Damit die grundsätzlichen Erwägungen des Bundesfinanzhofs auf dieselben Sachverhalte oder ähnliche Gestaltungen anderer Steuerpflichtiger übertragen werden können, müssen sie den Rechtsanwendern bekanntgemacht werden. Dem dient die Veröffentlichung der Entscheidungen des Bundesfinanzhofs.

Die Senate beschließen deshalb bei jeder Entscheidung, ob und inwieweit sie zur Veröffentlichung freigegeben wird. Immer dann, wenn ein Senat meint, neue und grundsätzliche Aussagen in einer Entscheidung getroffen zu haben, wird er sich zur Veröffentlichung der Entscheidung entschließen.

Die zur Veröffentlichung freigegebenen Entscheidungen werden nach entsprechender Neutralisierung (Anonymisierung; Eliminierung von Hinweisen auf den konkreten Steuerpflichtigen aus Gründen des Steuergeheimnisses) durch den Berichterstatter und nach Bildung eines Leitsatzes, der die Kernaussage der Entscheidung wiedergeben soll, in der von den Mitgliedern des Bundesfinanzhofs herausgegebenen, zum Teil als amtlich bezeichneten Sammlung – BFHE – veröffentlicht. Durch diese Veröffentlichung wird die Fachöffentlichkeit auf die Aussage des Bundesfinanzhofs hingewiesen; sie kann regelmäßig damit rechnen, daß der Bundesfinanzhof die tragenden Gründe der veröffentlichten Entscheidung auch in Zukunft beachten wird.

Die zur Veröffentlichung freigegebenen Entscheidungen des Bundesfinanzhofs werden nicht nur in BFHE wiedergegeben. Sie werden vielmehr weitgehend – zu etwa 95 v. H. – auch in dem vom Bundesminister der Finanzen herausgegebenen Bundessteuerblatt, Teil II, das allen Finanzbeamten zugänglich ist, abgedruckt. Die Unvollständigkeit im Bundessteuerblatt ergibt sich vor allem daraus, weil darin die zollrechtlichen Entscheidungen des Bundesfinanzhofs nicht aufgenommen werden. Im übrigen geben zahlreiche Fachzeitschriften die zur Veröffentlichung freigegebenen Entscheidungen des Bundesfinanzhofs vollständig oder auch gekürzt wieder.

In den letzten Jahren hat der Bundesfinanzhof ständig etwa 9 bis 11 v. H. seiner Entscheidungen zur Veröffentlichung freigegeben. So hat der Bundesfinanzhof im Jahre 1993 von insgesamt 3 599 Entscheidungen 348 (= 9,7 v. H.), im Jahre 1994 von insgesamt 3079 Entscheidungen 279 (= 9,1 v. H.), im Jahre 1995 von insgesamt 3261 Entscheidungen 366 (= 11,2 v. H.) und im Jahre 1996 von insgesamt 3269 Entscheidungen 309 (= 9,5 v. H.) in BFHE veröffentlicht.

Die Mehrzahl der Entscheidungen des Bundesfinanzhofs wird demnach nicht zur Veröffentlichung freigegeben. Dem Bundesfinanzhof wurde deshalb manches Mal „Geheimjustiz“ vorgeworfen. Dies jedoch zu Unrecht: Alle Gerichte, auch die anderen obersten Bundesgerichte, veröffentlichen nur einen Teil ihrer Entscheidungen. Dies erscheint auch gerechtfertigt, weil in vielen Entscheidungen nichts Neues und Grundsätzliches – über den entschiedenen Einzelfall hinaus Beachtliches – zum Ausdruck kommt. Abgesehen davon werden die nicht zur Veröffentlichung freigegebenen BFH-Entscheidungen schon immer in der Dokumentationsstelle (vgl. X. 3.) des Bundesfinanzhofs erfaßt, wodurch sichergestellt wird, daß sie jedenfalls gerichtsintern – vor allem zum Auffinden etwaiger Abweichungen (vgl. IV. 2. und X. 3.) – beachtet werden. Darüber hinaus werden viele von den Senaten nicht zur Veröffentlichung bestimmte Entscheidungen von Richtern des Bundesfinanzhofs in einer eigens dafür herausgegebenen Monatszeitschrift, aber auch in anderen Fachzeitschriften wiedergegeben. Auch können Außenstehende von der Dokumentationsstelle des Bundesfinanzhofs in konkret bezeichneten Einzelfällen Abdrucke von Entscheidungen erhalten, wenn dies ohne größeren Zeitaufwand möglich ist.

Seit 1981 werden alle dokumentationswürdigen, auch die nicht zur Veröffentlichung freigegebenen Entscheidungen des Bundesfinanzhofs in JURIS (Juristisches Informationssystem des Bundes) nach Neutralisierung – die wegen des Steuergeheimnisses erforderlich ist – gespeichert. Dadurch können auch die an sich für die Öffentlichkeit weniger bedeutsamen Entscheidungen des Bundesfinanzhofs über die Personen, die sich diesem Datenerfassungssystem angeschlossen haben, abgerufen werden.

Seit 1996 gibt der Bundesfinanzhof monatlich auch Listen heraus, aus denen sich ergibt, welche Rechtsfragen in den anhängigen Verfahren zur Entscheidung anstehen. Diese Listen werden in der Fachpresse veröffentlicht.

IX. Presse- und Öffentlichkeitsarbeit

Die Fachöffentlichkeit wird im Wege der dargelegten Veröffentlichungspraxis von den Entscheidungen des Bundesfinanzhofs unterrichtet. Indessen hat auch die allgemeine Öffentlichkeit, insbesondere mit Rücksicht darauf, daß es sich beim Steuerrecht um Eingriffsrecht handelt, ein Interesse, über Verfahren und deren Ergebnisse beim Bundesfinanzhof informiert zu werden. Jeder Bürger sollte in allgemein interessierenden Fragen wenigstens über die Presse erfahren können, in welchem Umfang steuerliche Eingriffe berechtigt erscheinen. Da viele Verfahren beim Bundesfinanzhof Musterprozesse (vgl. I.) sind, sollen die Bürger durch die Presse über bevorstehende Verfahren und über getroffene Entscheidungen, soweit diese allgemeine Bedeutung haben, unterrichtet werden. Es kommt hinzu, daß es nach den Landespressegesetzen eine öffentliche Aufgabe der Presse ist, in Angelegenheiten von öffentlichem Interesse zu berichten. Den Bürgern das Steuerrecht verständlicher zu machen, dürfte eine solche Aufgabe sein.

1. Pressemitteilungen Um dem also bestehenden Anspruch der Allgemeinheit auf Information über steuergerichtliche Verfahren Rechnung zu tragen, unterrichtet der Bundesfinanzhof durch Pressemitteilungen über bevorstehende Entscheidungen zu besonders wichtigen Steuerrechtsfragen und über die Anberaumung mündlicher Verhandlungen, in denen derartige Rechtsfragen voraussichtlich erörtert werden. Er versendet darüber hinaus (jährlich etwa 25 bis 40) Pressemitteilungen an z. Zt. fast 350 Adressaten über solche zur Veröffentlichung freigegebenen Entscheidungen, die besonders bedeutsame und allgemein interessierende Aussagen enthalten. Diese Pressemitteilungen sollen insbesondere die Steuerpflichtigen, die keine steuerlichen Berater haben und deshalb kaum auf andere Weise auf Neuerungen aufmerksam gemacht werden, über Tendenzen und Aussagen der Rechtsprechung informieren.

2. Jahresberichte Aus denselben Erwägungen, die für die Herausgabe von Pressemitteilungen sprechen, gibt der Bundesfinanzhof jährlich einen sogenannten Jahresbericht an die Presse heraus. Darin wird nicht nur über die statistische Geschäftsentwicklung beim Bundesfinanzhof berichtet. Vielmehr werden auch die wichtigsten Entscheidungen mitgeteilt, die der Bundesfinanzhof im jeweils abgelaufenen Geschäftsjahr gefällt hat.

3. Pressekonferenzen Alljährlich erläutert der Bundesfinanzhof auf Pressekonferenzen seine Arbeit anhand des Jahresberichts.

X. Der wissenschaftliche Dienst

Die Arbeit beim Bundesfinanzhof wäre ohne einen wissenschaftlichen Dienst im personellen und sachlichen Bereich kaum denkbar.

1. Wissenschaftliche Mitarbeiter In der Regel ist bei jedem Senat des Bundesfinanzhofs ein wissenschaftlicher (juristischer) Mitarbeiter tätig. Es handelt sich dabei um junge Finanzrichter oder um junge höhere Beamte aus der Finanzverwaltung. Sie werden auf die Dauer von regelmäßig vier Jahren an den Bundesfinanzhof abgeordnet und kehren nach Ablauf dieser Zeit an ihre Stammdienststelle zurück.

Diese Mitarbeiter sind bestimmten Senaten zur Mitarbeit zugewiesen. Sie erstellen aufgrund jeweiliger Zuweisung durch den Senatsvorsitzenden Berichte und Gutachten in Einzelfällen. Die Tätigkeit dieser Mitarbeiter dient nicht nur der Entlastung der Senate, sondern auch ihrer (weiteren) Ausbildung, vor allem in der Bearbeitung von Revisionssachen. Bemerkenswerterweise sind fast die Hälfte der derzeitigen Richter des Bundesfinanzhofs früher wissenschaftliche Mitarbeiter an diesem Gericht gewesen.

2. Die Bibliothek Die Rechtsprechung, zumal eines obersten Bundesgerichts, ist ohne eine Bibliothek nicht denkbar. Viele Entscheidungen müssen unter Zuhilfenahme der einschlägigen Literatur und Rechtsprechung wissenschaftlich erarbeitet werden. Auch müssen Aussagen und Zitate der Vorinstanzen sowie der an den BFH-Verfahren Beteiligten überprüft werden. Begriffe bedürfen der exakten Bestimmung; eine Einarbeitung in fachfremde Sachverhalte ist erforderlich; neue Erkenntnisse müssen anhand von bereits niedergeschriebenen wissenschaftlichen Abhandlungen überprüft werden u. a. m.

Innenansicht der alten (oben) und der neuen (unten) Bibliothek

Um diesen Anforderungen zu genügen, hat der Bundesfinanzhof eine Bibliothek mit einem Bestand von derzeit rund 158 000 Bänden (darunter etwa 2500 Loseblattausgaben) sowie etwa 670 Periodika (Zeitungen, Zeitschriften, Amts- und Gesetzblätter einschließlich Mehrfachausgaben). Die Bibliothek des Bundesfinanzhofs ist damit die am besten ausgestattete deutsche Steuerrechts- und Zollrechtsbibliothek. Der Schwerpunkt der vorhandenen Werke liegt beim Steuer- und Zollrecht. Groß ist auch der Bestand von Werken zum Zivilrecht, Wirtschafts- und Handelsrecht, Staats- und Verfassungsrecht sowie zu den verschiedenen Gerichtsverfahrensrechten.

Der Gesamtbücherbestand, der sich jährlich um knapp 5000 Bände erhöht, befindet sich in verschiedenen Räumen. In dem mit 15 Arbeitsplätzen ausgestatteten Lesesaal sind rund 25 000 Bände aufgestellt, worunter vor allem die aktuelle und die am häufigsten benötigte Literatur zu finden ist. Etwa 110 000 Bände – insbesondere Bundestags- und Bundesrats-Drucksachen sowie Landtagsdrucksachen, Altauflagen, selten benutzte Werke – sind in Magazinen unterge-

Südfront des Bundesfinanzhofs mit modernem Anbau an der Rückseite bracht. Etwa 13 000 Bände stehen in fünf Sitzungs- und Beratungszimmern. Darüber hinaus befinden sich ca. 10 000 Bände, die ständig gebraucht werden, in Handbibliotheken der Angehörigen des Bundesfinanzhofs.

Die Buchbestände des Bundesfinanzhofs stehen insbesondere den Angehörigen des Gerichts zur Verfügung. Die Öffentlichkeit hat, um die Arbeit der Angehörigen des Bundesfinanzhofs nicht zu beeinträchtigen, lediglich ein eingeschränktes Benutzungsrecht. Im wesentlichen dürfen nur Prozeßbevollmächtigte von Verfahrensbeteiligten sowie Richter und Beamte anderer Gerichte und Behörden die Bibliothek benutzen. Darüber hinaus findet eine Zusammenarbeit der Bibliothek mit wissenschaftlichen Institutionen (Universitätsinstitute, aber auch Professoren, Habilitanden und Doktoranden) statt.

In der Bibliothek sind 18 Personen, darunter acht Teilzeitbeschäftigte, mit Verwaltungs-, Katalogisierungs-, Sortier-, Verleih- und Auskunftsaufgaben befaßt. Der Jahresetat der Bibliothek beläuft sich auf etwa 415 000 DM, der für Buchbinderarbeiten allein auf 42 000 DM.

3. Die Dokumentationsstelle Wie bereits oben erwähnt, besteht beim Bundesfinanzhof eine Dokumentationsstelle. Sie hat Dokumentations- und Informationsaufgaben und erbringt ihre Dienstleistungen zur Förderung der Rechtsprechung des Gerichtshofs und zur Information der JURIS-Nutzer (vgl. VIII. 3.). Die Richter sind auf Informationsmöglichkeiten angewiesen, um ihrem Auftrag, der Wahrung der Einheitlichkeit des Rechts zu entsprechen, und um Divergenzen (Abweichungen) in der Rechtsprechung – innerhalb des eigenen Gerichts und im Verhältnis zu den anderen obersten Gerichtshöfen des Bundes (vgl. III. 1.) – zu vermeiden. Der Informationsbedarf ist insbesondere auf die Rechtsprechung des Bundesfinanzhofs selbst gerichtet, erstreckt sich aber auch auf die Rechtsprechung der übrigen obersten Gerichtshöfe des Bundes, des Gemeinsamen Senats der obersten Gerichtshöfe, des Bundesverfassungsgerichts, des Gerichtshofs der Europäischen Gemeinschaften, des Gerichts erster Instanz der Europäischen Gemeinschaften und der Finanzgerichte.

Informationsmöglichkeiten in dieser Hinsicht und über Zeitschriftenliteratur eröffnen die Dokumentationseinrichtungen der Dokumentationsstelle. Zu diesen Einrichtungen gehören

- umfangreiche Karteien, die seit 1957 für Rechtsprechung und Schrifttum (aus Periodika, bis 1993) geführt werden,
- Karteien und dergleichen aus der Zeit des Reichsfinanzhofs, des Obersten Finanzgerichtshofs und des Bundesfinanzhofs bis 1956,
- JURIS-Datenbankanschlüsse auf EDV-Basis.
- Nachschlagewerke,
- das Archiv der BFH-Entscheidungen.

Mit Hilfe dieser Einrichtungen sind die Entscheidungen des Bundesfinanzhofs und anderer Gerichte sowie Literaturfundstellen in periodisch erscheinendem Schrifttum unter den verschiedensten Kriterien auffindbar. Seitdem die JURIS-Datenbanken abgefragt werden können, besteht übrigens nicht nur bei Steuerrechtsproblemen, sondern auch in bezug auf andere Rechtsgebiete eine rationelle Wiederauffindungsmöglichkeit.

Die Richter des Bundesfinanzhofs können über am Arbeitsplatz installierte Personalcomputer JURIS-Recherchen selbst durchführen oder bei der Informationssuche die Dokumentationsstelle als Informationsvermittler einschalten oder sich Informationen in der Dokumentationsstelle selbst beschaffen. BFH-Rechtsprechung, die nicht veröffentlicht und auch nicht in JURIS (Juristisches Informationssystem des Bundes) nachgewiesen ist, läßt sich nur in der Dokumentationsstelle auffinden; dabei handelt es sich um Entscheidungen aus der Zeit vor 1980.

Die Dokumentation ist Fachdokumentaren anvertraut, die früher als Beamte des gehobenen Dienstes in der Finanzverwaltung tätig waren. Sie werden von Bürofachkräften unterstützt, die als Hilfsdokumentare und im Erfassungsbereich eingesetzt sind. Gegenwärtig sind insgesamt 20 Dienstkräfte im Einsatz.

Im einzelnen vollzieht sich die Dokumentation für die internen Karteien des Bundesfinanzhofs so, daß die Rechtsprechung des Bundesfinanzhofs aktuell gesichtet, ausgewertet und für Dokumentationszwecke aufbereitet wird. Aus den von den Senaten nicht zur Veröffentlichung vorgesehenen sogenannten NV-Entscheidungen werden die dokumentationswürdigen ausgewählt. Die Auswertungsergebnisse schlagen sich in Dokumentnachweisen nieder, die als Kurztexte erfaßt werden. Das sind die Leitsätze des Spruchkörpers und von Dokumentaren formulierte sogenannte Orientierungssätze.

Die Rechtsprechung anderer Gerichte und die Literatur (bis 1993) wird nach den gleichen Regeln dokumentiert.

Umfangreicher – wenn auch in einem Arbeitsgang – vollzieht sich die Dokumentation für JURIS. Außer den Kurztexten werden die Langtexte von BFH- Entscheidungen erfaßt und gespeichert. Die Langtexte der zu dokumentierenden sogenannten NV-Entscheidungen des Bundesfinanzhofs müssen dabei anonymisiert werden (Wahrung des Steuergeheimnisses). Die Anonymisierung obliegt in diesen Fällen – anders als bei den zur Veröffentlichung bestimmten Entscheidungen (VIII. 3.) – den Dokumentaren.

Daneben werden von der Dokumentationsstelle – nur für die JURIS-Datenbanken – noch erfaßt:

- Rechtsprechung der Finanzgerichte,
- Literatur (aus Periodika, Festschriften und anderen Sammelwerken, ab 1993),
- anhängige Verfahren beim Bundesfinanzhof, Gerichtshof der Europäischen Gemeinschaften, Gericht erster Instanz der Europäischen Gemeinschaften.

Die Dokumenterschließung und -aufbereitung sowie die Fundstellensammlung erfolgen nach JURIS-Regeln, die entsprechend dem breiten Spektrum von JURIS-Benutzern insbesondere auf die unterschiedlichsten Informationsbedürfnisse abgestellt sind. Laufende dokumentarische Vorarbeit wird z. B. geleistet, damit vereinfacht nach Zitierungen, Begriffsdefinitionen, Sachgebieten und – im Steuerrecht – nach Problemkreisen gesucht werden kann.

Zum Dokumentieren und zur Texterfassung wird spezielle – teils eigenentwickelte – Software eingesetzt. Die für JURIS bestimmten Daten und Texte zur Aufnahme in die Datenbanken werden im Wege der Datenfernübertragung an JURIS abgegeben.

Eine Abschwächung der Informationsflut ist in bezug auf das Steuerrecht nicht in Sicht; die Informationen sind eher ständig im Wachsen.

Der eingeschlagene Weg der Nutzbarmachung der Entwicklung auf dem Gebiet der elektronischen Datenverarbeitung für Zwecke der Dokumentation und Information wird schrittweise verbreitert, weil ohne diese Technologie eine akzeptable Dokumentation zur benutzerorientierten und benutzerfreundlichen Information kaum mehr betrieben werden kann. Es fehlen allerdings noch die Voraussetzungen dafür, beim Bundesfinanzhof ausschließlich auf die neuen Speicher- und Abfragemedien zu setzen. Sie allein sind noch nicht in der Lage, die Karteiwerke der Dokumentationsstelle vollwertig zu ersetzen und damit den Informationsbedarf, der im Rahmen der Rechtsprechung eines obersten Gerichtshofes besteht, voll abzudecken.

XI. Weitere innere Organisation des Bundesfinanzhofs

1. Geschäftsstellen Wie bereits ausgeführt (VI. 1.), besteht bei jedem Senat des Bundesfinanzhofs eine Geschäftsstelle, die mit je einem Beamten des gehobenen und des mittleren Dienstes besetzt ist. Diese Beamten werden, da fundierte Kenntnisse des Steuer- und Zollrechts für ihre Tätigkeit unerläßlich sind, aus dem Bereich der Finanzverwaltungen der Länder oder aus der Zollverwaltung gewonnen.

Die Geschäftsstellenbeamten nehmen zum einen die Aufgaben eines Urkundsbeamten nach Maßgabe der gesetzlichen Bestimmungen wahr und leisten zum anderen im Rahmen der Abwicklung der Prozesse Tätigkeiten, die der Unterstützung des Senatsvorsitzenden und der Entlastung der Senatsmitglieder bei ihrer richterlichen Tätigkeit dienen. Zu den Aufgaben eines Urkundsbeamten gehören insbesondere das Protokollieren von Anträgen, die Veranlassung von Ladungen und Zustellungen, die Erteilung der Ausfertigungen der Entscheidungen an die Verfahrensbeteiligten und die Durchführung der Akteneinsicht. Im übrigen zählen zu den Aufgaben der Geschäftsstelle insbesondere die Akten- und Registerführung, die Berechnung der Rechtsmittelfristen, die Vorbereitung der prozeßleitenden Verfügungen und der Senatssitzungen, die Vorprüfung der Zulässigkeit, die Feststellung des sachlichen Inhalts des Streitfalles der Rechtsmittel, die Ermittlung des Streitwerts, die Durchführung der Steuerberechnungen. Des weiteren obliegt der Geschäftsstelle die formale sachliche Prüfung der in den Senatsentscheidungen angegebenen Gesetzesbestimmungen und aller sonstigen Zitate.

Schließlich gehört zu den Aufgaben der Geschäftsstelle die Erhebung der statistischen Daten für Monats- und Jahresstatistiken, um stets eine aktuelle Übersicht über die Geschäftslage zu ermöglichen.

Bei der Verwaltung der beim Senat anhängigen Verfahren, der Erledigung des Geschäftsverkehrs und der Vorbereitung der Statistiken wird die Geschäftsstelle durch den Einsatz moderner Informationstechnik unterstützt.

2. Kostenstelle und Kostenprüfungsbeamter Für das Verfahren vor dem Bundesfinanzhof werden Kosten (Gebühren und Auslagen) nach dem Gerichtskostengesetz erhoben und durch die zentrale Kostenstelle angesetzt. Die Gebühren richten sich nach dem Wert des Streitgegenstandes (Streitwert), also der Differenz des von der Finanzbehörde festgesetzten und des vom Steuerpflichtigen erstrebten Steuerbetrags. Macht z.B. ein Unternehmer geltend, es müßten weitere Betriebsausgaben von 30 000 DM anerkannt werden, so beträgt der Streitwert nicht 30 000 DM. Er richtet sich vielmehr danach, wie hoch die Einkommensteuerminderung dieses Unternehmers wäre, wenn die begehrten Betriebsausgaben voll anerkannt würden. Das könnten – bei einem Spitzensteuersatz von 53 v.H. – in diesem Fall höchstens 15 900 DM sein. Die Gerichtskosten für ein Revisionsverfahren mit einem Streitwert von 15 900 DM würden für einen Steuerpflichtigen, wenn er unterliegen sollte, übrigens regelmäßig 1625 DM betragen. (Hinzu kommen für ihn meist noch die Kosten für das Verfahren vor dem Finanzgericht und die Gebühren sowie Auslagen für seinen Prozeßbevollmächtigten.) Die Gerichtskosten werden von der Bundeskasse München als Gerichtskasse des Bundesfinanzhofs eingehoben. Vollstreckungsbehörde ist die Justizbeitreibungsstelle des Bundespatentgerichts in München.

Das Aufkommen an Gerichtskosten beträgt jährlich rund 3 Millionen DM. Dem als Kostenprüfungsbeamten bestellten Bediensteten obliegt die Prüfung der Kostenansätze nach der Kostenverfügung. Er ist auch zuständig für die Bearbeitung der Anträge und Rechtsbehelfe auf Stundung, Erlaß und Niederschlagung der Gerichtskosten.

3. Die Verwaltungsabteilung des Bundesfinanzhofs Dem Bundesfinanzhof sind folgende Planstellen für Richter und Beamte und für Angestellte und Arbeiter zugewiesen:

61 Planstellen für Richter,
68 Planstellen für Beamte,

15 Stellen für wissenschaftliche Mitarbeiter,
48 Stellen für Angestellte (Büro- und Schreibkräfte),
7 Stellen für Arbeiter (Kraftfahrer und Reinemachefrauen).

Der Bundesfinanzhof hat somit ein Personalsoll von 199 Bediensteten. Dies verdeutlicht, daß die in den elf Senaten tätigen 61 Richter für die Erfüllung ihrer Aufgabe einen Personalkörper als Unterbau benötigen, der etwas mehr als das Doppelte der richterlichen Mitglieder beträgt.

Der Verwaltungsabteilung des Bundesfinanzhofs obliegen im wesentlichen die folgenden Aufgaben: Organisation des Gerichtsbetriebes, Bearbeitung der Personalangelegenheiten; Aufstellung der Haushaltsvoranschläge und Bewirtschaftung der Haushaltsmittel; Berechnung und Feststellung der Beihilfen, der Reisekosten, des Trennungsgeldes, der Umzugskosten; Wohnungsfürsorge; Fortbildung; Arbeitsschutz nach dem Arbeitssicherheitsgesetz; Betreuung der Bauangelegenheiten und Wahrnehmung der Hausverwaltung.

In der Verwaltungsabteilung ist auch eine Zahlstelle eingerichtet, über die sämtliche baren und unbaren Zahlungsvorgänge aufgrund von Annahme- und Auszahlungsanordnungen mit der Bundeskasse München als der für den Bundesfinanzhof zuständigen Bundeskasse (vgl. XI. 2.) abgewickelt werden.

Der Schreibdienst ist beim Bundesfinanzhof in Form einer zentralen Schreibkanzlei organisiert. Zu ihr gehören neben den Schreibkräften auch die Lesekräfte, Posteingangs- und Postabsendestelle sowie die Druckerei. Die Kanzlei ist mit einer modernen EDV-Anlage und Bildschirmerfassungsgeräten ausgestattet.

Dem Wachtmeisterdienst des Bundesfinanzhofs obliegen das Zu- und Abtragen der Akten, Bücher und Zeitschriften sowie der Sitzungs- und Ordnungsdienst bei mündlichen Verhandlungen.

Die Hausmeisterei erledigt die Hausdienstgeschäfte für das Dienstgebäude (vgl. XIV.) einschließlich der gärtnerischen Pflege des Grundstücks.

Die für den Personal- und Sachaufwand erforderlichen Mittel werden dem Bundesfinanzhof durch den Bundeshaushalt im Einzelplan 07 des Bundesministeriums der Justiz zur Verfügung gestellt. Das Haushaltskapitel des Bundesfinanzhofs für 1997 weist als Verwaltungseinnahmen rund 2,7 Millionen DM (im wesentlichen Gerichtskosten) und als Ausgaben etwa 22,9 Millionen DM aus. Der Steuerzahler muß mithin für den Bundesfinanzhof jährlich rund 20,2 Millionen DM aufbringen.

Von den jährlichen Ausgaben in Höhe von 22,9 Millionen DM entfallen auf Personalausgaben allein 20,3 Millionen DM, der Rest betrifft sächliche Verwaltungsausgaben und Investitionen.

4. Präsidialrichter Einem Richter am Bundesfinanzhof sind Aufgaben der Justizverwaltung übertragen. Er ist insbesondere für die Bearbeitung von Angelegenheiten des Präsidiums, für bestimmte Personalangelegenheiten, für Stellungnahmen gegenüber den anderen obersten Gerichtshöfen des Bundes sowie gegenüber dem Gesetzgeber und dem Bundesverfassungsgericht sowie für allgemeine Rechtsfragen des Bundesfinanzhofs zuständig. In dieser Tätigkeit wird der Präsidialrichter durch Beamte unterstützt.

5. Pressestelle Die Pressestelle erteilt an die Vertreter der Medien Auskünfte über beim Bundesfinanzhof anhängige oder anhängig gewesene Verfahren. Vor allem gibt sie Pressemitteilungen heraus und wirkt an der Erstellung der Jahresberichte des Bundesfinanzhofs mit (vgl. IX.); ferner wertet sie Presseberichte über Entscheidungen des Bundesfinanzhofs und über den Bundesfinanzhof aus und erstellt darüber regelmäßig einen Pressespiegel, der den Angehörigen des Bundesfinanzhofs und den Finanzgerichten zur Verfügung gestellt wird.

Ein Richter des Bundesfinanzhofs leitet die Pressestelle. Mitarbeiter sind ein Beamter des gehobenen Dienstes und eine Angestellte.

6. Informationstechnik Die Aufgaben des obersten Gerichtshofs können angesichts der Fülle der zu beschaffenden und zu verarbeitenden Informationen nur durch den Einsatz moderner und leistungsfähiger Datenverarbeitungssysteme bewältigt werden. Planung, Installierung und Fortentwicklung dieser Systeme obliegt der Abteilung Informationstechnik (IT), die mit technisch geschulten Verwaltungsfachkräften und Informatikern besetzt ist.

Derzeit verfügen bereits die meisten Arbeitsplätze der Richter, wissenschaftlichen Mitarbeiter und sonstigen Angehörigen des Gerichts über Arbeitsplatzcomputer (APC) oder Bildschirme, die größtenteils über Zentralrechner miteinander verbunden sind. Eine vollständige Ausstattung mit APC und eine flächendeckende Vernetzung des Gebäudes und somit der Arbeitsplätze wird noch vor der Jahrhundertwende erreicht sein. Dann wird es möglich sein, aufgrund der entsprechenden Lese- und Schreibberechtigungen von jedem Arbeitsplatz auf die im Gericht gespeicherten Dokumente zuzugreifen. Daneben ist der Zugriff auf externe Datenbanken (JURIS – vgl. X. 3. –, Bibliotheksverbund Bayern) gegeben. Der Einsatz neuester Bürokommunikation gewährleistet ein effizientes Arbeiten durch jederzeitigen Datenzugriff sowie Datenaustausch und erleichtert die Zusammenarbeit zwischen allen Stellen des Hauses.

Richter, wissenschaftliche Mitarbeiter, Senatsgeschäftsstellen, Pressestelle, Kostenstelle, Dokumentationsstelle, Bibliothek, Gerichtskanzlei und Verwaltungsabteilung werden durch Betreuung und Schulung seitens der Mitarbeiter der IT-Abteilung in die Lage versetzt, mit Hilfe moderner Technik ihre Arbeit zu optimieren und so den steigenden Anforderungen gerecht zu werden.

XII. Gremien und Vertretungen beim Bundesfinanzhof

Beim Bundesfinanzhof bestehen folgende auf Gesetz beruhende Gremien und Vertretungen:

1. Richtervertretungen

a) Das Präsidium des Bundesfinanzhofs ist ein nach dem Gerichtsverfassungsgesetz gebildetes Organ der Richter. Es besteht aus dem Präsidenten und acht gewählten Richtern, wovon vier Vorsitzende Richter sein müssen. Die dem Präsidium angehörenden Richter werden von allen Richtern des Bundesfinanzhofs auf vier Jahre gewählt. Das Präsidium bestimmt die Besetzung der Senate und verteilt die Geschäfte (vgl. IV. 1.).

b) Als Richtervertretung besteht ein Präsidialrat, dem der Präsident und der Vizepräsident des Bundesfinanzhofs als geborene Mitglieder und drei weitere gewählte Mitglieder angehören. Von den weiteren Mitgliedern wird eines aus der Mitte des Präsidiums gewählt, die beiden anderen wählt die Versammlung der Richter.

   Der Präsidialrat ist ein besonderes zusätzliches Vertretungsorgan für die Beteiligung der Richterschaft bei der Ernennung der Richter. Er ist nach § 55 des Deutschen Richtergesetzes vor jeder Wahl eines Richters (vgl. auch XIII.) und vor jeder Ernennung eines Richters (zum Senatsvorsitzenden) zu beteiligen.

c) Neben dem Präsidialrat besteht als weitere Richtervertretung der Richterrat, der an den allgemeinen und sozialen Angelegenheiten der Richter zu beteiligen ist. Der Richterrat setzt sich aus drei Richtern, die von der Versammlung der Richter auf vier Jahre gewählt werden, zusammen.

d) Der Richterversammlung obliegt es, die Mitglieder des Richterrats sowie die zwei in den Präsidialrat zu entsendenen Mitglieder zu wählen. Daneben kann auch eine außerordentliche Richterversammlung für Fragen einberufen werden, die für das Gericht oder die Richterschaft von solcher Bedeutung sind, daß eine Aussprache mit der Versammlung der Richter erforderlich ist.

2. Personalvertretungen

a) Für die nichtrichterlichen Bediensteten des Bundesfinanzhofs ist als Personalvertretung der Personalrat zuständig, der aus zwei Vertretern der Beamtengruppe, zwei Vertretern der Angestelltengruppe und einem Arbeitervertreter besteht.

   Der Personalrat wirkt an den allgemeinen und sozialen Belangen des nichtrichterlichen Personals mit. Er hat bei der Einstellung (auch Anstellung) von Beamten, Angestellten und Arbeitern, bei der Beförderung von Beamten sowie Eingruppierungen und Höhergruppierungen von Angestellten und Arbeitern sowie bei Kündigungen ein Mitbestimmungsrecht.

b) In den nach dem Personalvertretungsgesetz durchzuführenden Personalversammlungen erstattet der Personalrat seinen Tätigkeitsbericht.

c) Der nach dem Schwerbehindertengesetz von den Schwerbehinderten des Gerichts auf jeweils vier Jahre zu wählende Vertrauensmann der Schwerbehinderten hat die Interessen der bei Gericht tätigen Schwerbehinderten zu vertreten und ihnen beratend sowie helfend zur Seite zu stehen. Er ist vom Präsidenten des Gerichts vor allem in solchen Personalangelegenheiten zu hören, die einen einzelnen Schwerbehinderten oder die Schwerbehinderten als Gruppe betreffen.

3. Frauenbeauftragte Die Frauenbeauftragte wirkt nach § 17 des Frauenfördergesetzes bei allen Maßnahmen der Verwaltung mit, die Fragen der Gleichstellung von Frauen und Männern, der Vereinbarkeit von Familie und Beruf und der Verbesserung der beruflichen Situation der im Bundesfinanzhof beschäftigten Frauen betreffen.

XIII. Richterwahl, Richterzusammensetzung

1. Richterwahl Rechtsgrundlage für die Berufung der Richter zum Bundesfinanzhof bildet das Richterwahlgesetz vom 25. August 1950. Danach werden Richter beim Bundesfinanzhof – wie auch bei allen anderen obersten Gerichtshöfen des Bundes – von einem Richterwahlausschuß gewählt. Diesem Ausschuß gehören die 16 für die Finanzgerichtsbarkeit zuständigen Landesminister und 16 vom Bundestag ernannte Mitglieder an. Den Vorsitz in diesem Gremium führt bei der Wahl der Richter zum Bundesfinanzhof – ebenso wie bei der Wahl der Richter zum Bundesgerichtshof und zum Bundesverwaltungsgericht – der (die) Bundesminister(in) der Justiz, ohne Stimm-, jedoch mit Vetorecht.

Der Richterwahlausschuß kann nur solche Kanditaten zum Richter am Bundesfinanzhof wählen, die die Befähigung zum Richteramt besitzen, ein Mindestalter von 35 Jahren haben und Deutsche sind. Der Kandidat muß von einem Mitglied des Richterwahlausschusses oder vom Bundesminister der Justiz vorgeschlagen sein.

Nach einem solchen Vorschlag und vor der eigentlichen Wahl hat nach dem Deutschen Richtergesetz der Präsidialrat (XII. 1.b) eine schriftlich begründete Stellungnahme über die persönliche und fachliche Eignung des Kandidaten abzugeben. Der Richterwahlausschuß ist an diese aus Personalakten, aus persönlicher Vorstellung und aus sonstigen Informationen gewonnene Stellungnahme des Präsidialrats aber nicht gebunden. Er wählt – mit einfacher Mehrheit – aus allen Kandidaten den ihm geeignet erscheinenden Bewerber.

2. Zusammensetzung der Richterschaft Wer als Richter des Bundesfinanzhofs gewählt werden soll, muß die Befähigung zum Richteramt und ein Mindestalter von 35 Jahren haben. Es wird bei der Wahl auch darauf geachtet, daß die einzelnen Bundesländer in etwa ihrer Größe entsprechend berücksichtigt werden (vgl. Artikel 36 Abs. 1 des Grundgesetzes). Wenn auch gesetzlich nicht ausdrücklich gefordert, wird doch regelmäßig vorausgesetzt, daß der Kandidat besondere steuerrechtliche Kenntnisse besitzt.

Ihrer beruflichen Herkunft nach kommen die Kandidaten zumeist aus der Finanzgerichtsbarkeit, aus der Finanzverwaltung oder aus anderen Zweigen der Gerichtsbarkeit. Nur vereinzelt stehen Rechtsanwälte zur Wahl. In der Öffentlichkeit bestehen zum Teil Vorbehalte dagegen, daß ehemalige Beamte der Finanzverwaltung zu Richtern am Bundesfinanzhof gewählt werden, Vorbehalte, die sogar so weit gehen, daß solche Richter grundsätzlich wegen Befangenheit abgelehnt werden. Befürchtungen, daß sich durch aus der Verwaltung kommende Richter in der Rechtsprechung fiskalische Auffassungen durchsetzen, sind, wie die Erfahrung zeigt, unberechtigt, zumal Entscheidungen der Senate von fünf bzw. drei Senatsmitgliedern getroffen werden müssen, ehemalige Finanzbeamte aber nahezu in keinem Senat in der Überzahl sein können.

Die Zahl der aus der Verwaltung kommenden Richter hält sich im übrigen in Grenzen. Von den zur Zeit 61 Richtern des Bundesfinanzhofs kommen 49 aus der Finanzgerichtsbarkeit, 10 aus der Finanzverwaltung, 2 aus der Justizverwaltung.

Das Durchschnittsalter der Richter beträgt derzeit 55½ Jahre. Zur Zeit sind acht Richterinnen am Bundesfinanzhof tätig.

XIV. Das Gebäude

Der Bundesfinanzhof ist in einem schloßartigen, unter Denkmalschutz stehenden Gebäude innerhalb eines parkähnlichen, etwa 18 000 qm großen Geländes in München-Bogenhausen untergebracht. Schon der Reichsfinanzhof residierte hier.

Der Rohbau des Gebäudes stammt aus dem Jahre 1909 bis 1910. Er war von dem Kunstmaler Professor Ernst Philipp Fleischer als Wohn- und Gesellschaftshaus in Auftrag gegeben worden. Im Laufe des Jahres 1910 mußten die Bauarbeiten wegen Geldschwierigkeiten des Bauherrn eingestellt werden; zurück blieb die „Bogenhausener Schloßruine“.

Der Bundesfinanzhof – Vorderansicht

Der Bundesfinanzhof – Treppenhaus

Zu Beginn des Jahres 1919 erwarb das Deutsche Reich das Grundstück, nachdem seine Eignung mit dem darauf befindlichen Rohbau für die Unterbringung des Reichsfinanzhofs festgestellt worden war, durch Vermittlung des bayerischen Finanzministeriums. Danach wurde der Ausbau in die Wege geleitet. Mit den eigentlichen Bauarbeiten wurde 1921 begonnen. Sie konnten erst im Jahre 1924 abgeschlossen werden. Anfang 1923 war es aber bereits möglich, zwei Senate des Reichsfinanzhofs notdürftig unterzubringen. Der gesamte Dienstbetrieb konnte am 15. September 1923 in dem reichseigenen Dienstgebäude aufgenommen werden. Die förmliche Übergabe des Gebäudes fand allerdings erst am 3. Januar 1924 statt. Bis zum Bezug des „Fleischer-Schlößchens" durch den Reichsfinanzhof war er in Mieträumen in der Barerstraße in München untergebracht.

Nach dem Ende des Zweiten Weltkrieges hatte in dem durch Bombentreffer an der Nordseite teilweise beschädigten Gebäude der Oberste Finanzgerichtshof seinen Sitz. Daneben waren Teile des Gebäudes von amerikanischen Besatzungdienststellen, von einem Münchener Finanzamt, vom Bayerischen Verwaltungsgerichtshof und vom Bayerischen Statistischen Landesamt belegt. Nachdem diese Stellen das Gebäude verlassen hatten, war von 1951 bis 1956 auch das Finanzgericht München in dem Gebäude untergebracht. Erst von März 1956 an konnte der Bundesfinanzhof über sein Dienstgebäude in vollem Umfang verfügen.

In den Jahren 1972 bis 1973 wurde der frühere holzvertäfelte Lesesaal der Bibliothek im 1. Obergeschoß (s. Abb. S. 37) zu einem zweiten Sitzungssaal für mündliche Verhandlungen umgebaut. Die Bibliothek (vgl. X. 2.) wurde in einem neuerrichteten, erdgeschossigen Anbau zum Hauptgebäude untergebracht.

Fast genau 20 Jahre nach dieser Baumaßnahme waren erneut Erweiterungsarbeiten erforderlich geworden, da aus Platzmangel sowohl die Dokumentationsstelle (vgl. X. 3.) als auch einige Richter und wissenschaftliche Mitarbeiter in angemieteten Räumen in der Nähe des Bundesfinanzhofs untergebracht werden mußten. Über dem eingeschossigen Bibliotheksanbau wurden zwei weitere Stockwerke an einer Stahlrahmenkonstruktion „aufgehängt" (die Statik ließ einen unmittelbaren Aufbau über der Bibliothek nicht zu). Dieser neue, klar strukturierte Anbau (s. Abb. S.38) wurde in sehr gefälliger Weise durch einen verglasten Übergangstrakt mit dem Altbau verbunden. Ende 1995 fand die Einweihung statt. Seitdem sind wieder alle Angehörigen des Bundesfinanzhofs in einem einheitlichen Gebäudekomplex untergebracht.

Seit demselben Jahr stehen den Angehörigen des Gerichts auch 60 Parkplätze in einer Tiefgarage innerhalb des eigenen Geländes zur Verfügung. Die Tiefgarage ist unterirdisch mit dem Hauptgebäude verbunden.

Die Räume des Bundesfinanzhofs sind teilweise mit Gemälden ausgestattet, die von der Bayerischen Staatsgemäldesammlung und durch das Bundesministerium des Inneren leihweise zur Verfügung gestellt wurden; zum Teil sind sie auch vom Bundesfinanzhof erworben worden. Neben älteren Portraits und Landschaftsbildern sind unter diesen Gemälden neuerdings auch zeitgenössische Kunstwerke.

Anhang

1. Geschäftsverteilungsplan (auszugsweise)
2. Richter am Reichsfinanzhof/Obersten Finanzgerichtshof (nach Dienstalter)
3. Richter am Reichsfinanzhof/Obersten Finanzgerichtshof (in alphabetischer Folge)
4. Richter am Bundesfinanzhof (nach Dienstalter)
5. Richter am Bundesfinanzhof (in alphabetischer Folge)

Geschäftsverteilungsplan des Bundesfinanzhofs

(Stand: 1. August 1997)

– ohne Ergänzende Regelungen –

A. Sachliche Zuständigkeit der Senate

I. Senat

1. Körperschaftsteuer und Feststellungen gemäß § 47 KStG.
2. Vergütungen von Körperschaftsteuer gemäß § 36 b bis 36 e EStG sowie Verwaltungsakte, zu denen Fragen der § 20 Abs. 1 Nr. 3 / § 36 Abs. 2 Nr. 3 EStG, § 5 Abs. 3 / § 12 UmwStG 1977, § 4 Abs. 5 / § 10 UmwStG 1995 streitig sind.
3. Einkommensteuer (einschließlich Lohnsteuer) und gesonderte Feststellung gemäß § 180 Abs. 1 Nr. 2 Buchst. a und b, Abs. 2 AO 1977, betreffend
   a) die Anwendung des Sechsten Teils des UmwStG 1977 (§§ 20–23), des Achten (§§ 20–23), des Zehnten (§ 25) und des Elften (§ 26 Abs. 2) Teils des UmwStG 1995,
   b) die Anwendung des DMBilG,
   c) den Verlustabzug für ausländische Einkünfte nach § 2 a Abs. 3 und 4 EStG, § 2 AIG,
   d) die beschränkte Steuerpflicht, das Außensteuergesetz, die §§ 34 c, 34 d EStG und/oder die Auslegung von Doppelbesteuerungsabkommen,
   e) Tarifvorschrift gemäß § 32 b Abs. 1 Nr. 2 EStG,

   auch soweit daneben noch andere Fragen streitig sind.
4. Gewerbesteuer von Steuerpflichtigen mit Einkünften i.S. der Nummern 1, 2 und 3 Buchst. a bis d.
5. § 9 Nr. 7 und § 12 Abs. 3 Nr. 4 GewStG.

6. Einheitliche und gesonderte Feststellung gemäß § 180 Abs. 5 AO 1977.
7. Steuerabzug vom Kapitalertrag (einschließlich Pauschsteuer gemäß § 5 Abs. 2 des Gesetzes über steuerrechtliche Maßnahmen bei Erhöhung des Nennkapitals aus Gesellschaftsmitteln und bei Überlassung von eigenen Aktien an Arbeitnehmer und Zinsabschlagsteuer) und Erstattung der Kapitalertragssteuer gemäß §§ 44b und 44c EStG.
8. Steuerabzug bei beschränkt Steuerpflichtigen gemäß § 50a EStG.
9. Gesonderte Feststellung von Besteuerungsgrundlagen gemäß § 18 AStG.
10. Kapitalverkehrsteuern.
11. Kirchensteuer, mit Ausnahme der Haftungsfälle, für die der VII. Senat zuständig ist.
12. Allgemeines Abgabenrecht, soweit eine Steuerstreitigkeit
    a) die Auskunfterteilung nach Maßgabe eines Rechtshilfe-, Amtshilfe- oder Doppelbesteuerungsabkommens, des § 117 AO 1977 und/oder des EG-Amtshilfe-Gesetzes oder
    b) die Weitergabe von Informationen an ausländische Behörden oder Gerichte oder deren Unterlassung betrifft.

II. Senat

1. Einheitsbewertung.
2. Gesonderte Feststellung des Wertes der in § 11 Abs. 2 BewG bezeichneten Anteile an inländischen Kapitalgesellschaften.
3. Erbschaft- und Schenkungsteuer.
4. Grunderwerbsteuer.
5. Vermögensteuer.
6. Gesonderte und einheitliche Feststellungen nach § 180 Abs. 1 Nr. 3 AO 1977.
7. Grundsteuer.
8. Rennwett- und Lotteriesteuer.

9. Versicherungsteuer.
10. Feuerschutzsteuer.
11. Wechselsteuer.
12. Spielbankabgabe.
13. Örtliche Verbrauch- und Aufwandsteuern.
14. Lastenausgleichsabgaben.

III. Senat

1. Einkommensteuer und gesonderte Feststellung gemäß § 180 Abs. 1 Nr. 2 Buchst. b, Abs. 2 AO 1977, betreffend die Einkünfte aus Gewerbebetrieb natürlicher Personen mit den Anfangsbuchstaben S (ohne Sch), T bis Z, soweit nicht der IV. Senat (Nummer 1 Buchst. b der Zuständigkeit des IV. Senats) oder der VIII. Senat (Nummer 1 Buchst. a der Zuständigkeit des VIII. Senats) zuständig ist.
2. Einkommensteuer (einschließlich Lohnsteuer), betreffend außergewöhnliche Belastungen, wenn nur diese streitig sind.
3. Arbeitnehmervergünstigungen nach dem BerlinFG.
4. Gewerbesteuer von Steuerpflichtigen mit Einkünften i.S. der Nummer 1.
5. Investitionszulagen.
6. Beförderungsteuer und Straßengüterverkehrsteuer.

IV. Senat

1. Einkommensteuer und gesonderte Feststellung gemäß § 180 Abs. 1 Nr. 2 Buchst. b, Abs. 2 AO 1977, betreffend
   a) Einkünfte aus Land- und Forstwirtschaft,
   b) Einkünfte aus gewerblicher Tierzucht oder gewerblicher Tierhaltung,
   c) Einkünfte aus selbständiger Arbeit natürlicher Personen mit den Anfangsbuchstaben A bis M.

2. Gesonderte Feststellung gemäß § 180 Abs. 1 Nr. 2 Buchst. a, Abs. 2 AO 1977, betreffend

   a) Einkünfte aus Gewerbebetrieb für Personengesellschaften mit den Anfangsbuchstaben A bis J,

   b) Einkünfte aus Land- und Forstwirtschaft, aus gewerblicher Tierzucht oder gewerblicher Tierhaltung für alle Personengesellschaften,

   c) Einkünfte aus selbständiger Arbeit für die Personengesellschaften mit den Anfangsbuchstaben A bis M.

3. Gewerbesteuer von Steuerpflichtigen mit Einkünften i.S. der Nummer 1 Buchst. b und Nummer 2.

4. Gewerbesteuer von Steuerpflichtigen mit den Anfangsbuchstaben A bis M, bei denen die Abgrenzung zwischen Einkünften aus selbständiger Arbeit und Einkünften aus Gewerbebetrieb streitig ist.

5. Gesonderte Teilwertfeststellung gemäß § 55 Abs. 5 EStG i.V.m. § 179 Abs. 1 und 2 AO 1977.

V. Senat

Umsatzsteuer, mit Ausnahme der Nummern 1 Buchst. b, 3 Buchst. b und 5 beim VII. Senat und der Nummer 7 Buchst. a beim XI. Senat

a) soweit Fragen des BerlinFG streitig sind, auch wenn daneben noch andere Umsatzsteuerfragen streitig sind,

b) im übrigen von Steuerpflichtigen mit den Anfangsbuchstaben A bis S.

VI. Senat

1. Einkommensteuer (einschließlich Lohnsteuer), betreffend

   a) Einkünfte aus nichtselbständiger Arbeit, mit Ausnahme der Nummer 3 beim I. Senat,

      der Streitsachen, für die der IX. Senat zuständig ist,

      der Nummer 3 beim X. Senat und

      der Nummer 1 Buchst. c beim XI. Senat,

b) Sonderausgaben gemäß § 10 Abs. 1 Nr. 7 EStG,

c) Veranlagung bei Bezug von Einkünften aus nichtselbständiger Arbeit, soweit ausschließlich die Anwendbarkeit des § 46 EStG streitig ist,

d) §§ 31, 32, 32a, 62 bis 78 EStG.

2. Lohnsteuer, mit Ausnahme der Nummer 3 Buchst. b beim VII. Senat.

3. Gesonderte Feststellung der Einkünfte aus nichtselbständiger Arbeit.

4. Bergmannsprämien.

5. Vermögenswirksame Leistungen und Steuerermäßigungen nach den Vermögensbildungsgesetzen.

VII. Senat

1. Zölle und Verbrauchsteuern (§ 10 Abs. 2 Satz 2 FGO) sowie Marktordnungssachen

   a) Zölle einschließlich Zolltarif, sonstige Eingangs- und Ausfuhrabgaben, zugehörige Erstattungen und Subventionen,

   b) bundesgesetzlich geregelte Verbrauchsteuern (Art. 108 Abs. 1 GG) einschließlich der Einfuhrumsatzsteuer, sowie Finanzmonopole,

   c) Marktordnungssachen (§ 29 des Gesetzes zur Durchführung der gemeinsamen Marktorganisationen) einschließlich Währungsausgleichsbeträgen und sonstige Abgaben, Erstattungen und Subventionen im Rahmen der Europäischen Gemeinschaften.

2. Angelegenheiten nach dem Steuerberatungsgesetz (§ 33 Abs. 1 Nr. 3 FGO).

3. Streitigkeiten aus dem allgemeinen Abgabenrecht und Prozeßrecht betreffend

   a) Steuergeheimnis, wenn nur diese Frage streitig und nicht der I. Senat zuständig ist (Nummer 12 der Zuständigkeit des I. Senats),

b) Haftung für Kirchensteuer, Lohnsteuer und Umsatzsteuer, wenn diese nicht auf dem Einzelsteuergesetz beruht und Grund oder Höhe der Steuer nicht streitig ist,

c) Aufrechnung, Abtretung von Ansprüchen aus dem Steuerschuldverhältnis und Abrechnungsbescheide, wenn nicht zugleich die Steuerfestsetzung streitig ist und nicht der I. Senat zuständig ist (Nummer 2 der Zuständigkeit des I. Senats),

d) Verwaltungsakte wegen Zwangsmitteln (§ 328 AO 1977),

e) Vollstreckung einschließlich der Zwangsvollstreckung nach der ZPO, ohne Arrestanordnung und Arrestvollziehung, ferner ausgenommen die Aufteilung von Gesamtschulden,

f) Kostenansatz und Kostenfestsetzung für gerichtliche Verfahren, soweit nicht nur die Wertberechnung streitig ist, mit Ausnahme der Nichterhebung von Kosten gemäß § 8 GKG,

g) landesrechtlich geregelte Kosten.

4. Kraftfahrzeugsteuer.

5. Umsatzsteuer, wenn lediglich streitig ist, welcher Nummer des Zolltarifs ein Gegenstand zuzuordnen ist.

6. Streitigkeiten, die im Geschäftsverteilungsplan nicht geregelt sind.

VIII. Senat

1. Einkommensteuer, betreffend

   a) Einkünfte aus Gewerbebetrieb natürlicher Personen nach § 17 EStG und gesonderte Feststellung dieser Einkünfte gemäß § 180 Abs. 1 Nr. 2 Buchst. b, Abs. 2 AO 1977,

   b) Einkünfte aus Kapitalvermögen,

   c) Steuerbegünstigung des nicht entnommenen Gewinns.

2. Gesonderte Feststellung gemäß § 180 Abs. 1 Nr. 2 Buchst. a, Abs. 2 AO 1977, betreffend

   a) Einkünfte aus Gewerbebetrieb für Personengesellschaften mit den Anfangsbuchstaben K bis Z, soweit nicht der IV. Senat

(Nummer 2 Buchst. b der Zuständigkeit des IV. Senats) zuständig ist, mit Ausnahme der Nummer 3 der Zuständigkeit des XI. Senats,

b) Einkünfte aus Kapitalvermögen.

3. Gewerbesteuer von Steuerpflichtigen mit Einkünften i.S. der Nummer 2 Buchst. a, mit Ausnahme der Nummer 4 der Zuständigkeit des XI. Senats.

IX. Senat

1. Einkommensteuer, betreffend

   a) Einkünfte aus Vermietung und Verpachtung (auch im Lohnsteuerermäßigungsverfahren, mit Ausnahme der Streitsachen, in denen ausschließlich die Anwendbarkeit des § 39a EStG streitig ist) einschließlich der Übergangsregelungen in § 52 Abs. 21 EStG und gesonderte Feststellung gemäß § 180 Abs. 1 Nr. 2 Buchst. a, Abs. 2 AO 1977, betreffend Einkünfte aus Vermietung und Verpachtung,

   b) den Vorkostenabzug gemäß § 10i EStG (auch im Lohnsteuerermäßigungsverfahren, mit Ausnahme der Streitsachen, in denen ausschließlich die Anwendbarkeit des § 39a EStG streitig ist).

2. Eigenheimzulage nach dem Eigenheimzulagengesetz.

X. Senat

1. Einkommensteuer und gesonderte Feststellung gemäß § 180 Abs. 1 Nr. 2 Buchst. b, Abs. 2 AO 1977, betreffend Einkünfte aus Gewerbebetrieb natürlicher Personen mit den Anfangsbuchstaben A bis K, soweit nicht der IV. Senat (Nummer 1 Buchst. b der Zuständigkeit des IV. Senats) oder der VIII. Senat (Nummer 1 Buchst. a der Zuständigkeit des VIII. Senats) zuständig ist.

2. Einkommensteuer und gesonderte Feststellung gemäß § 180 Abs. 1 Nr. 2 Buchst. a, Abs. 2 AO 1977 betreffend sonstige Einkünfte.

3. Einkommensteuer (einschließlich Lohnsteuer), betreffend
   a) Sonderausgaben gemäß §§ 10, 10b, 10c EStG, mit Ausnahme von Streitigkeiten, die nur § 10 Abs. 1 Nr. 7 oder nur Tarifvorschriften der §§ 32 bis 32b EStG betreffen,
   b) Abzugsbeträge wie Sonderausgaben (einschließlich gesonderter Feststellungen) gemäß §§ 10e bis 10h, § 7 Fördergebietsgesetz,
   c) Steuerermäßigung gemäß § 34f EStG mit Ausnahme von Streitigkeiten, die nur Tarifvorschriften der §§ 32 bis 32b EStG betreffen.
4. Steuerermäßigung gemäß §§ 16, 17 BerlinFG, wenn nur diese streitig ist.
5. Gewerbesteuer von Steuerpflichtigen mit Einkünften i.S. der Nummer 1.
6. Wohnungsbau-Prämien.
7. Spar-Prämien.

XI. Senat

1. Einkommensteuer, betreffend
   a) Einkünfte aus Gewerbebetrieb natürlicher Personen und gesonderte Feststellung dieser Einkünfte gemäß § 180 Abs. 1 Nr. 2 Buchst. b, Abs. 2 AO 1977 für Personen mit den Anfangsbuchstaben L bis R und Sch, soweit nicht der IV. Senat (Nummer 1 Buchst. b der Zuständigkeit des IV. Senats) oder der VIII. Senat (Nummer 1 Buchst. a der Zuständigkeit des VIII. Senats) zuständig ist,
   b) Verlustabzug, wenn Fragen des § 10d EStG streitig sind,
   c) Abfindungen wegen Auflösung des Dienstverhältnisses (§ 3 Nr. 9 EStG) und Entschädigungen i.S. von § 24 Nr. 1 EStG bei Einkünften aus nichtselbständiger Arbeit (einschließlich Lohnsteuer), auch soweit daneben noch andere Fragen streitig sind, mit Ausnahme der Zuständigkeit des I. Senats nach Nummer 3.

2. Gewerbesteuer von Steuerpflichtigen mit Einkünften i.S. der Nummer 1 Buchst. a.

3. Gesonderte Feststellung gemäß § 180 Abs. 1 Nr. 2 Buchst. a, Abs. 2 AO 1977, betreffend Einkünfte aus Gewerbebetrieb für Personengesellschaften mit den Anfangsbuchstaben K bis Z, soweit nicht der IV. Senat (Nummer 2 Buchst. b der Zuständigkeit des IV. Senats) zuständig ist und soweit die Streitsachen in den Kalenderjahren 1988 und 1989 beim Bundesfinanzhof eingegangen sind.

4. Gewerbesteuer von Steuerpflichtigen mit Einkünften i.S. der Nummer 3 soweit die Streitsachen in den Kalenderjahren 1988 und 1989 beim Bundesfinanzhof eingegangen sind

5. Einkommensteuer und gesonderte Feststellung gemäß § 180 Abs. 1 Nr. 2 Buchst. a und b, Abs. 2 AO 1977, betreffend Einkünfte aus selbständiger Arbeit natürlicher Personen und von Personengesellschaften mit den Anfangsbuchstaben N bis Z.

6. Gewerbesteuer von Steuerpflichtigen mit den Anfangsbuchstaben N bis Z, bei denen die Abgrenzung zwischen Einkünften aus selbständiger Arbeit und Einkünften aus Gewerbebetrieb streitig ist.

7. Umsatzsteuer, mit Ausnahme der Nummern 1 Buchst. b, 3 Buchst. b und 5 beim VII. Senat sowie Buchst. a beim V. Senat, betreffend

   a) die Streitsachen der Eingänge beim Bundesfinanzhof im Kalenderjahr 1990,

   b) im übrigen von Steuerpflichtigen mit den Anfangsbuchstaben T bis Z.

Großer Senat

Fälle des § 11 Abs. 2 und 4 sowie des § 184 Abs. 2 Nr. 5 FGO.

B. Besetzung der Senate

– ohne Vertretungsregelung –

I. Senat

Vorsitzender:
Vorsitzender Richter am Bundesfinanzhof Dr. Widmann

Regelmäßiger Vertreter:
Richter am Bundesfinanzhof Prof. Dr. Wassermeyer

Weitere Mitglieder:
Richter am Bundesfinanzhof Hofmeister
Richter am Bundesfinanzhof Dr. Gosch
Richterin am Bundesfinanzhof Dr. Ahmann

II. Senat

Vorsitzender:
Vorsitzende Richterin am Bundesfinanzhof Dr. Hofmann

Regelmäßiger Vertreter:
Richter am Bundesfinanzhof Dr. Sack

Weitere Mitglieder:
Richter am Bundesfinanzhof Dr. Albrecht
Richter am Bundesfinanzhof Viskorf
Richter am Bundesfinanzhof Kilches

III. Senat

Vorsitzender:
Vorsitzender Richter am Bundesfinanzhof Dr. Sunder-Plassmann

Regelmäßiger Vertreter:
Richter am Bundesfinanzhof Herden

Weitere Mitglieder
Richter am Bundesfinanzhof Brockmeyer
Richterin am Bundesfinanzhof Kaufmann

Richter am Bundesfinanzhof Dr. Dürr
Richter am Bundesfinanzhof Rüsken

IV. Senat

Vorsitzender:
Vorsitzender Richter am Bundesfinanzhof Prof. Dr. Groh

Regelmäßiger Vertreter:
Richter am Bundesfinanzhof Dr. Freiherr von Schönberg

Weitere Mitglieder:
Richter am Bundesfinanzhof Dr. Kanzler
Richter am Bundesfinanzhof Dr. Kempermann
Richter am Bundesfinanzhof Wendt

V. Senat

Vorsitzender:
Präsident des Bundesfinanzhofs Prof. Dr. Offerhaus

Regelmäßiger Vertreter:
Richter am Bundesfinanzhof Padberg

Weitere Mitglieder:
Richter am Bundesfinanzhof Dr. Wagner
Richter am Bundesfinanzhof Dr. Birkenfeld
Richter am Bundesfinanzhof Dr. Schwakenberg
Richter am Bundesfinanzhof Dr. Klenk

VI. Senat

Vorsitzender:
Vorsitzender Richter am Bundesfinanzhof Dr. Mößlang

Regelmäßiger Vertreter:
Richter am Bundesfinanzhof Dr. Drenseck

Weitere Mitglieder:
Richter am Bundesfinanzhof Dr. Gorski
Richter am Bundesfinanzhof Thomas

Richterin am Bundesfinanzhof Völlmeke
Richter am Bundesfinanzhof Dr. Lang

VII. Senat

Vorsitzender:
Vizepräsident des Bundesfinanzhofs Dr. Beermann

Regelmäßiger Vertreter:
Richter am Bundesfinanzhof Dr. Hein

Weitere Mitglieder:
Richter am Bundesfinanzhof Dr. Olbertz
Richter am Bundesfinanzhof Dr. Hohrmann
Richter am Bundesfinanzhof Dr. Müller-Eiselt

VIII. Senat

Vorsitzender:
Vorsitzender Richter am Bundesfinanzhof Dr. Herrmann

Regelmäßiger Vertreter:
Richterin am Bundesfinanzhof Ruban

Weitere Mitglieder:
Richter am Bundesfinanzhof Dr. Gschwendtner
Richter am Bundesfinanzhof Dr. Dötsch
Richter am Bundesfinanzhof Steinhauff
Richterin am Bundesfinanzhof Dr. Alber

IX. Senat

Vorsitzender:
Vorsitzender Richter am Bundesfinanzhof Dr. Ebling

Regelmäßiger Vertreter:
Richter am Bundesfinanzhof Dr. Wolff-Diepenbrock

Weitere Mitglieder:
Richter am Bundesfinanzhof Spindler
Richter am Bundesfinanzhof Dr. Pezzer

Richter am Bundesfinanzhof Thürmer
Richter am Bundesfinanzhof Mellinghoff

X. Senat

Vorsitzender:
Vorsitzender Richter am Bundesfinanzhof Dr. Grube

Regelmäßiger Vertreter:
Richter am Bundesfinanzhof von Groll

Weitere Mitglieder:
Richter am Bundesfinanzhof Dr. Fischer P.
Richterin am Bundesfinanzhof Boeker
Richterin am Bundesfinanzhof Dr. Martin
Richter am Bundesfinanzhof Fischer L.

XI. Senat

Vorsitzender:
Vorsitzender Richter am Bundesfinanzhof Hellwig

Regelmäßiger Vertreter:
Richterin am Bundesfinanzhof Dr. Ebling

Weitere Mitglieder:
Richter am Bundesfinanzhof Dr. Weber-Grellet
Richter am Bundesfinanzhof Dr. Christiansen
Richter am Bundesfinanzhof Hutter

Großer Senat

Vorsitzender:
Präsident des Bundesfinanzhofs Prof. Dr. Offerhaus

Vertreter:
Vizepräsident des Bundesfinanzhofs Dr. Beermann

Mitglieder und Vertreter:

I. Senat:	Vorsitzender Richter am Bundesfinanzhof Dr. Widmann Vertreter: Richter am Bundesfinanzhof Prof. Dr. Wassermeyer
II. Senat:	Richter am Bundesfinanzhof Dr. Sack Vertreter: Richter am Bundesfinanzhof Dr. Albrecht
III. Senat	Vorsitzender Richter am Bundesfinanzhof Dr. Sunder-Plassmann Vertreter: Richter am Bundesfinanzhof Herden
IV. Senat:	Vorsitzender Richter am Bundesfinanzhof Prof. Dr. Groh Vertreter: Richter am Bundesfinanzhof Prof. Dr. Kanzler
V. Senat:	Präsident des Bundesfinanzhofs Prof. Dr. Offerhaus Vertreter: Richter am Bundesfinanzhof Padberg
VI. Senat:	Richter am Bundesfinanzhof Dr. Drenseck Vertreter: Richter am Bundesfinanzhof Thomas
VII. Senat:	Vizepräsident des Bundesfinanzhofs Dr. Beermann Vertreter: Richter am Bundesfinanzhof Dr. Hein
VIII. Senat:	Richterin am Bundesfinanzhof Ruban Vertreter: Richter am Bundesfinanzhof Dr. Gschwendtner
IX. Senat:	Richter am Bundesfinanzhof Dr. Wolff-Diepenbrock Vertreter: Richter am Bundesfinanzhof Spindler
X. Senat:	Richter am Bundesfinanzhof Dr. Fischer P. Vertreter: Richter am Bundesfinanzhof von Groll
XI. Senat:	Richterin am Bundesfinanzhof Dr. Ebling Vertreter: Richter am Bundesfinanzhof Dr. Weber-Grellet

Fallen ein Mitglied und sein Vertreter aus, so tritt ein anderes beisitzendes Mitglied des entsprechenden Senats jeweils in der Reihenfolge des Dienstalters in den Großen Senat ein.

Anmerkungen

1. Soweit ein Richter mehreren Senaten angehört, und von mehreren Senaten gleichzeitig benötigt wird, geht die Anforderung desjenigen Senats vor, der zuerst in diesem Geschäftsverteilungsplan aufgeführt ist.
2. Nach welchen Grundsätzen die Mitglieder an den Verfahren mitwirken, bestimmen die Vorsitzenden der Senate (§ 21 g Abs. 2 GVG).
3. Fehlt bei einem Senat mit mehr als fünf Mitgliedern bei einer Sitzung ein Richter, so tritt an seine Stelle der an sich für diese Sitzung nach der Regelung des Vorsitzenden des Senats ausgeschlossene Richter. Fehlen bei einem Senat mit mehr als fünf Mitgliedern zwei Richter und ist dadurch der Senat unterbesetzt, so tritt der Vertreter des dienstältesten fehlenden Richters an dessen Stelle.
4. Im Falle der Verhinderung eines regelmäßigen Vertreters tritt der zweite für Mitglieder des gleichen Senats bestimmte regelmäßige Vertreter für ihn ein. Ein regelmäßiger Vertreter ist auch dann verhindert, wenn er von dem Senat, in dem er Mitglied ist, gleichzeitig zu einer Sitzung außerhalb des regelmäßigen Sitzungstages beansprucht wird. Im Falle der Verhinderung beider regelmäßiger Vertreter bestimmt der Präsident des Bundesfinanzhofs den dienstjüngsten, verfügbaren Richter zum Vertreter.
5. Für den Fall der Verhinderung des Vorsitzenden des Senats und dessen Vertretung durch den regelmäßigen Vertreter gilt dieser als fehlend.

C. Gemeinsamer Senat der obersten Gerichtshöfe des Bundes

(1997/1998)

I. Mitglieder kraft Gesetzes:

1. der Präsident des Bundesfinanzhofs
2. die Vorsitzenden der beteiligten Senate des Bundesfinanzhofs

Bei Verhinderung des Präsidenten tritt sein Vertreter im Großen Senat, bei Verhinderung des Vorsitzenden eines beteiligten Senats sein Vertreter im Vorsitz an seine Stelle.

II. Mitglieder durch Entsendung:	Vertreter:
I. Senat:	
Richter am Bundesfinanzhof Prof. Dr. Wassermeyer	Richter am Bundesfinanzhof Hofmeister
II. Senat:	
Richter am Bundesfinanzhof Dr. Albrecht	Richter am Bundesfinanzhof Viskorf
III. Senat:	
Richter am Bundesfinanzhof Herden	Richter am Bundesfinanzhof Brockmeyer
IV. Senat:	
Richter am Bundesfinanzhof Prof. Dr. Kanzler	Richter am Bundesfinanzhof Dr. Frhr. von Schönberg
V. Senat:	
Richter am Bundesfinanzhof Padberg, Dr. Wagner	Richter am Bundesfinanzhof Dr. Birkenfeld, Dr. Schwakenberg
VI. Senat:	
Richter am Bundesfinanzhof Dr. Drenseck	Richter am Bundesfinanzhof Thomas

VII. Senat:	
Richter am Bundesfinanzhof Dr. Olbertz	Richter am Bundesfinanzhof Dr. Hein
VIII. Senat:	
Richter am Bundesfinanzhof Steinhauff	Richter am Bundesfinanzhof Dr. Gschwendtner
IX. Senat:	
Richter am Bundesfinanzhof Dr. Pezzer	Richter am Bundesfinanzhof Spindler
X. Senat:	
Richter am Bundesfinanzhof von Groll	Richter am Bundesfinanzhof Dr. Fischer P.
XI. Senat	
Richterin am Bundesfinanzhof Dr. Ebling	Richter am Bundesfinanzhof Dr. Weber-Grellet
Großer Senat:	
Vizepräsident des Bundesfinanzhofs Dr. Beermann	Vorsitzender Richter am Bundesfinanzhof Prof. Dr. Groh
Vorsitzender Richter am Bundesfinanzhof Dr. Sunder-Plassmann	Vorsitzender Richter am Bundesfinanzhof Dr. Widmann

Ist auch der namentlich benannte Stellvertreter des zu entsendenden Richters verhindert, so tritt ein anderes Mitglied des beteiligten Senats jeweils in der Reihenfolge des Dienstalters in den Gemeinsamen Senat ein.

D. Auflegung des Geschäftsverteilungsplans

Der Geschäftsverteilungsplan liegt in der Präsidialgeschäftsstelle des Bundesfinanzhofs zur Einsichtnahme aus.

Richter am Reichsfinanzhof/Obersten Finanzgerichtshof

(nach Dienstalter)

1.	Jahn, Gustav Wirkl.Geh.Rat, Exzellenz Erster Präsident des RFH	1. 10. 18 – 31. 12. 30
2.	Dr. Strutz, Georg	1. 10. 18 – 27. 7. 29
3.	Dr. Schlutius, Friedrich	1. 10. 18 – 31. 10. 19
4.	Dr. Hecker, Max	1. 10. 18 – 31. 10. 25
5.	von Schmidt, Hermann	1. 10. 18 – 23. 4. 25
6.	Dr. Kloss, Richard ab 1. 9. 21 Senatspräsident ab 1. 1. 34 Präsident des RFH	1. 10. 18 – 1. 12. 34
7.	Dr. Hoffmann, Albrecht	1. 10. 18 – 4. 3. 33
8.	Hochstetter, Rudolf	1. 10. 18 – 30. 9. 34
9.	Evers, Robert ab 10. 11. 29 Senatspräsident	1. 10. 18 – 30. 9. 34
10.	von Breunig, Georg	1. 3. 20 – 30. 11. 23
11.	Mrozek, Alfons	1. 10. 20 – 30. 11. 24
12.	Dr. Spiess, Max	1. 1. 20 – 12. 9. 22
13.	Dr. Trautvetter, Erich	1. 1. 20 – 28. 2. 26
14.	Zimmermann, Emil	1. 1. 20 – 31. 10. 30
15.	Grünewald, Oskar ab 10. 11. 29 Senatspräsident	1. 1. 20 – 31. 1. 38
16.	Dr. h.c. Becker, Enno ab 1. 2. 22 Senatspräsident	1. 1. 20 – 28. 2. 35
17.	Dr. Wunsch, Franz	1. 1. 20 – 31. 3. 33
18.	Druckenbrodt, Johannes	1. 1. 20 – 31. 12. 23
19.	Löhlein, Emil	1. 10. 20 – 30. 7. 29
20.	Dr. Machatius, Franz	1. 10. 20 – 31. 5. 28

21.	Dr. Rang, Otto	1. 10. 20 – 26. 3. 29
22.	Hiersemenzel, Hubert	1. 10. 20 – 18. 5. 22
23.	Dr. Boethke, Wilhelm	1. 10. 20 – 28. 1. 34
24.	Dr. Jacobi, Ernst	1. 10. 20 – 30. 9. 27
25.	Dr. Krapf, Franz	1. 10. 20 – 28. 2. 35
26.	Arlt, Hans ab 1. 1. 35 Senatspräsident	1. 7. 21 – 31. 3. 37
27.	Bertrand, Rudolf	1. 9. 21 – 30. 4. 30
28.	Dr. Scholz, Franz	1. 9. 21 – 31. 1. 28
29.	Mirre, Ludwig ab 1. 5. 34 Präsident des LFA München ab 1. 4. 35 Präsident des RFH	1. 9. 21 – 25. 6. 45
30.	Dr. Schmauser, Georg	1. 9. 21 – 31. 3. 34
31.	Müller, Otto	1. 9. 21 – 9. 12. 29
32.	Bodenstein, Otto ab 1. 11. 34 Senatspräsident	1. 12. 21 – 30. 9. 50
33.	Gaschott, Friedrich	1. 12. 21 – 31. 12. 33
34.	Viernstein, Karl	1. 1. 22 – 8. 10. 48
35.	Fischel, Hermann	1. 1. 22 – 8. 1. 30
36.	Dr. Koch, Friedrich ab 1. 6. 35 Senatspräsident	1. 1. 22 – 31. 3. 37
37.	Dr. Busch, Clemens	1. 2. 22 – 31. 3. 37
38.	Hutmacher, Emil	1. 2. 22 – 30. 4. 36
39.	Dr. Dr.h.c. Hertz, Wilhelm	1. 2. 22 – 31. 3. 38
40.	Dr. Kuse, Max	1. 2. 22 – 30. 6. 24
41.	Dr. Vehlow, Max	1. 10. 22 – 30. 9. 38
42.	Dr. Winkler, Hans	1. 10. 22 – 30. 9. 33
43.	Ott, Siegfried ab 1. 2. 38 Senatspräsident	1. 7. 23 – 5. 1. 39
44.	Zapf, Heinrich	1. 12. 24 – 31. 12. 34

45.	Wagner, Joseph	16. 5. 26 – 28. 2. 35
46.	Seweloh, Arthur	16. 5. 26 – 31. 3. 41
47.	Dr. Ubber, Hubert	16. 5. 26 – 30. 9. 38
48.	Dr. Pfeiffer, Friedrich	1. 1. 27 – 30. 9. 33
49.	Braun, Hermann	1. 1. 27 – 31. 12. 33
50.	Dr. Kraft, Joseph	1. 1. 27 – 31. 3. 43
51.	Dr. Mende, Helmuth	1. 1. 27 – 14. 4. 32
52.	Dr. Lochner, Arthur	1. 2. 28 – 18. 3. 28
53.	Schrankenmüller, Karl	1. 5. 28 – 31. 1. 39
54.	Hepp, Ernst	1. 6. 28 – 30. 9. 50
55.	Dr. Schefold, Karl	1. 10. 28 – 31. 3. 43
56.	Otte, Erich	1. 7. 29 – 31. 1. 35
57.	Dr. Thümen, Georg	1. 12. 29 – 31. 3. 37
58.	Dr. Haag, Peter	1. 12. 29 – 6. 9. 46
59.	Dr. Veiel, Otto ab 1. 9. 39 Senatspräsident	1. 12. 29 – 24. 12. 46
60.	Bender, Richard	1. 2. 30 – 24. 10. 39
61.	Rüde, Fritz	1. 5. 30 – 25. 3. 33
62.	Wendriner, Robert	1. 11. 30 – 31. 12. 35
63.	Prof. Dr. Dorn, Herbert Präsident des Reichsfinanzhofs	22. 1. 31 – 31. 3. 34
64.	Kennerknecht, Albert	1. 8. 32 – 23. 8. 40
65.	Dr. Schmittmann, Heinrich ab 25. 7. 45 Präsident des OFH/BFH (auch Richter am Bundesfinanzhof)	1. 8. 33 – 30. 9. 50
66.	Dr. Oppens, Franz	15. 1. 33 – 31. 12. 35
67.	Sölch, Otto (auch Richter am Bundesfinanzhof)	1. 4. 33 – 30. 9. 50
68.	Klaus, Theodor	1. 7. 33 – 30. 11. 39
69.	Prugger, Alexander	1. 8. 33 – 25. 6. 45

70.	Dr. Müller, Hans ab 21. 4. 51 Präsident des BFH	1. 10. 33 – 30. 6. 45
71.	Kuhl, Julius	1. 1. 34 – 30. 11. 38
72.	Dr. Wahl, Rudolf	1. 1. 34 – 30. 9. 50
73.	Dr. Grabower, Rolf	1. 5. 34 – 17. 10. 45
74.	Dr. Ansorge, Walther ab 1. 8. 49 Senatspräsident (auch Richter am Bundesfinanzhof)	1. 5. 34 – 30. 9. 50
75.	Zitzlaff, Franz	1. 5. 34 – 28. 2. 39
76.	Dr. Koch, Rolf	1. 5. 34 – 30. 9. 50
77.	Lettenbauer, Ludwig	1. 10. 34 – 16. 5. 37
78.	Wagner, Ludwig	1. 11. 34 – 25. 1. 35
79.	Doebner, Ernst	1. 1. 35 – 31. 3. 37
80.	Dr. Kuehn, Herbert (auch Richter am Bundesfinanzhof)	1. 5. 35 – 30. 9. 50
81.	Dr. Schlecht, Anton	1. 5. 35 – 31. 5. 42
82.	Cannabich, Richard	1. 5. 35 – 30. 6. 42
83.	Dr. Zeissig, Rudolf	1. 7. 35 – 7. 2. 47
84.	Dr. Hübschmann, Walter ab 1. 4. 37 Senatspräsident (auch Richter am Bundesfinanzhof)	1. 7. 35 – 30. 9. 50
85.	Marquardt, Alwin	1. 1. 36 – 13. 3. 46
86.	Dr. Knäbel, Oswald	1. 2. 36 – 31. 5. 40
87.	Fleischmann, Robert	1. 3. 36 – 31. 3. 43
88.	Hörner, Emil	1. 7. 36 – 13. 7. 45
89.	Schaefer, Otto	1. 4. 37 – 25. 5. 40
90.	Franken, Kurt	1. 4. 37 – 30. 9. 50
91.	Kammermeier, Ferdinand	1. 4. 37 – 31. 3. 43
92.	Streitel, Oskar	1. 4. 37 – 24. 7. 45
93.	Hampe, Wolfgang	1. 4. 37 – 31. 3. 43

94.	Raps, Friedrich (auch Richter am Bundesfinanzhof)	1. 9. 37 – 30. 9. 50
95.	Dr. Piehler, Max	1. 9. 38 – 23. 8. 45
96.	Probst, Ernst	1. 9. 38 – 30. 9. 50
97.	Dr. Engelhardt, Otto	1. 10. 38 – 30. 6. 45
98.	Dr. Zienert, Hugo	1. 1. 39 – 22. 11. 45
99.	Dr. Desbalmes, Armand	1. 7. 39 – 14. 7. 45
100.	Dr. Krappe, Ernst	1. 8. 39 – 4. 10. 45
101.	Dr. Gebhard, Karl	1. 9. 39 – 31. 12. 39
102.	Dr. Stützer, Walther (auch Richter am Bundesfinanzhof)	1. 9. 39 – 30. 9. 50
103.	Zülow, Kurt	1. 11. 40 – 3. 5. 42
104.	Lademann, Fritz	1. 5. 40 – 9. 11. 45
105.	Kunst, Georg	1. 7. 40 – 11. 5. 44
106.	Bandow, Friedrich Carl	1. 7. 40 – 23. 8. 45
107.	Harzmann, Hans	1. 12. 40 – 31. 3. 42
108.	Michels, Viktor	1. 2. 41 – 31. 12. 44
109.	Witting, Paul	1. 7. 41 – 30. 9. 50
110.	Bollert, Kurt	1. 10. 41 – 31. 7. 45
111.	Paech, Otto	1. 12. 41 – 30. 9. 50
112.	Rode, Friedrich	1. 12. 41 – 30. 6. 43
113.	Gebhardt, Joseph (auch Richter am Bundesfinanzhof)	1. 10. 42 – 30. 9. 50
114.	Dr. Macher, Eugen	1. 5. 42 – 30. 4. 45
115.	Sachse, Gerhard	1. 7. 42 – 30. 4. 45
116.	Dr. Rinkefeil, Rudolf	1. 9. 42 – 31. 8. 43
117.	Kuhn, Konrad	1. 12. 42 – 4. 10. 45
118.	Boruttau, Ernst Paul (auch Richter am Bundesfinanzhof)	1. 4. 43 – 30. 9. 50

119.	Dr. Schilling, Emil (auch Richter am Bundesfinanzhof)	1. 11. 43 – 30. 9. 50
120.	Lisner, Oskar	1. 11. 43 – 30. 9. 50
121.	Dr. Kratz, Joseph	1. 1. 44 – 4. 10. 45
122.	Ritter, Georg (auch Richter am Bundesfinanzhof)	1. 3. 44 – 30. 9. 50
123.	Dr. Kluckhohn, Wilhelm	1. 6. 44 – 30. 9. 50
124.	Dr. Fuchs, Heinrich Walter	1. 7. 44 – 15. 7. 48
125.	Liebhardt, Walter	1. 4. 47 – 4. 5. 48

Richter am Reichsfinanzhof/Obersten Finanzgerichtshof

(in alphabetischer Folge)

Ansorge	Anhang 2, Nr. 74
Arlt	Anhang 2, Nr. 26
Bandow	Anhang 2, Nr. 106
Becker	Anhang 2, Nr. 16
Bender	Anhang 2, Nr. 60
Bertrand	Anhang 2, Nr. 27
Bodenstein	Anhang 2, Nr. 32
Boethke	Anhang 2, Nr. 23
Bollert	Anhang 2, Nr. 110
Borrutau	Anhang 2, Nr. 118
Braun	Anhang 2, Nr. 49
Breunig von	Anhang 2, Nr. 10
Busch	Anhang 2, Nr. 37
Cannabich	Anhang 2, Nr. 82
Desbalmes	Anhang 2, Nr. 99
Doebner	Anhang 2, Nr. 79
Dorn	Anhang 2, Nr. 63; Seite 10
Druckenbrodt	Anhang 2, Nr. 18
Engelhardt	Anhang 2, Nr. 97
Evers	Anhang 2, Nr. 9
Fischel	Anhang 2, Nr. 35
Fleischmann	Anhang 2, Nr. 87
Franken	Anhang 2, Nr. 90
Fuchs	Anhang 2, Nr. 124
Gaschott	Anhang 2, Nr. 33
Gebhard	Anhang 2, Nr. 101
Gebhardt	Anhang 2, Nr. 113
Grabower	Anhang 2, Nr. 73
Grünewald	Anhang 2, Nr. 15
Haag	Anhang 2, Nr. 58
Hampe	Anhang 2, Nr. 93
Harzmann	Anhang 2, Nr. 107

Richter am Bundesfinanzhof

(nach Dienstalter)

1. Dr. Schmittmann, Heinrich 1. 10. 50 – 30. 4. 51
   Präsident des Bundesfinanzhofs
2. Dr. Ansorge, Walther 1. 10. 50 – 30. 4. 56
   Senatspräsident und
   ständiger Vertreter der Präsidenten des Bundesfinanzhofs
   ab 25. 2. 56 Vizepräsident des Bundesfinanzhofs
   (ab 1. 5. 34 schon Reichsfinanzrat,
   ab 1. 10. 37 Reichsrichter,
   ab 1. 8. 49 Senatspräsident am Obersten Finanzgerichtshof)
3. Gebhardt, Joseph 1. 10. 50 – 31. 1. 52
   Senatspräsident
   (ab 1. 10. 42 schon Senatspräsident am Reichsfinanzhof)
4. Paasche, Werner 1. 10. 50 – 31. 12. 56
   Senatspräsident
   ab 24. 5. 56 Vizepräsident
5. Dr. Hübschmann, Walter 1. 10. 50 – 31. 12. 56
   ab 1. 12. 51 Senatspräsident
   (ab 1. 7. 35 schon Reichsfinanzrat,
   ab 1. 4. 37 Senatspräsident am Reichsfinanzhof)
6. Sölch, Otto 1. 10. 50 – 31. 12. 56
   ab 29. 3. 51 Senatspräsident
   (ab 1. 4. 33 schon Reichsfinanzrat,
   ab 1. 10. 37 Reichsrichter am Reichsfinanzhof)
7. Dr. Kuehn, Herbert 1. 10. 50 – 31. 12. 54
   (ab 1. 5. 35 schon Reichsfinanzrat,
   ab 1. 10. 37 Reichsrichter am Reichsfinanzhof)
8. Raps, Friedrich 1. 10. 50 – 30. 6. 57
   (ab 1. 9. 37 schon Reichsfinanzrat,
   ab 1. 10. 37 Reichsrichter am Reichsfinanzhof)

9.	Dr. Stützer, Walther (ab 1. 9. 39 schon Reichsrichter am Reichsfinanzhof)	1. 10. 50 – 31. 3. 52
10.	Boruttau, Ernst Paul (ab 1. 4. 43 schon Reichsrichter am Reichsfinanzhof)	1. 10. 50 – 29. 2. 56
11.	Dr. Schilling, Emil (ab 1. 11. 43 schon Reichsrichter am Reichsfinanzhof)	1. 10. 50 – 30. 4. 52
12.	Ritter, Georg (ab 1. 3. 44 schon Reichsrichter am Reichsfinanzhof)	1. 10. 50 – 31. 3. 51
13.	Dr. Roederer, Martin ab 1. 5. 56 Senatspräsident ab 1. 1. 57 Vizepräsident	1. 10. 50 – 30. 4. 60
14.	Dr. Wennrich, Hermann ab 1. 11. 56 Senatspräsident ab 1. 5. 60 Vizepräsident	1. 10. 50 – 30. 9. 60
15.	Dr. Hoffmann, Fritz ab 1. 1. 57 Senatspräsident ab 16. 12. 60 Vizepräsident	1. 10. 50 – 31. 1. 63
16.	Wetter, Alfons ab 1. 1. 57 Senatspräsident	1. 10. 50 – 25. 12. 58
17.	Dr. Kaatz, Paul ab 1. 2. 59 Senatspräsident	1. 10. 50 – 31. 10. 63
18.	Dr. Dürschke, Alfons ab 1. 5. 60 Senatspräsident	1. 10. 50 – 31. 10. 62
19.	Otto, Wilhelm ab 1. 2. 63 Senatspräsident ab 17. 1. 66 Vizepräsident	1. 10. 50 – 31. 3. 68
20.	Dr. Diederichs, Rudolf ab 1. 11. 63 Senatspräsident	1. 10. 50 – 31. 8. 67
21.	Wolff, Bernhard	1. 10. 50 – 6. 9. 51
22.	Conze, Anton	1. 10. 50 – 31. 5. 71
23.	Dr. Mensching, Hans	1. 10. 50 – 31. 10. 55
24.	Dr. Müller, Hans Präsident des Bundesfinanzhofs	21. 4. 51 – 31. 12. 54

25.	Dr. Cerutti, Curt Eberhard	21. 4. 51 – 31. 3. 64
26.	Dr. Geiger, Carl	21. 4. 51 – 30. 9. 58
27.	Dr. Wolffheim, Curt	21. 4. 51 – 31. 7. 55
28.	Dr. Friedlaender, Kurt	1. 1. 52 – 31. 8. 62
29.	Dr. Vangerow, Friedrich	1. 1. 52 – 31. 5. 57
30.	Dr. Ruyter, Gustav	1. 1. 52 – 31. 10. 62
31.	Dr. Galleiske, August	1. 1. 52 – 31. 7. 58
32.	Dr. Schütz, Ludwig	1. 2. 52 – 31. 10. 60
33.	Dr. Fließbach, Wilhelm	1. 4. 52 – 31. 10. 68
34.	Dr. Plückebaum, Konrad	1. 6. 53 – 31. 3. 59
35.	Dr. Gürsching, Lorenz	1. 6. 53 – 30. 4. 63
36.	Prof. Dr. Hartz, Wilhelm ab 1. 6. 61 Senatspräsident	1. 8. 53 – 31. 12. 68
37.	Wauer, Günther ab 1. 1. 64 Senatspräsident ab 24. 4. 68 Vizepräsident	1. 2. 55 – 31. 5. 74
38.	Dr. Ullrich, Karl ab 1. 9. 58 Senatspräsident	1. 2. 55 – 30. 4. 62
39.	Dr. Effert, Adolf	1. 2. 55 – 30. 11. 64
40.	Dr. Heßdörfer, Ludwig Präsident des Bundesfinanzhofs	1. 3. 55 – 31. 1. 62
41.	Penndorf, Hans-Ulrich	1. 3. 55 – 11. 10. 58
42.	Dr. Grieger, Rudolf ab 1. 10. 62 Senatspräsident von 30. 1. 64 bis 16. 1. 66 Vizepräsident	1. 11. 55 – 30. 4. 73
43.	Dr. Bliemeister, Albert	1. 1. 56 – 31. 5. 62
44.	Dr. Klein, Otto	1. 4. 56 – 8. 9. 64
45.	Sillem, August	1. 5. 56 – 29. 2. 64
46.	Dr. Ringleb, Karl ab 1. 9. 67 Senatspräsident	1. 11. 56 – 31. 1. 76
47.	Dr. Gantenberg, Rolf	1. 11. 56 – 30. 9. 63

48.	Dr. Hornstein, Wilhelm	1. 11. 56 – 31. 12. 61
49.	Rogge, Klemens Senatspräsident ab 1. 2. 63 Vizepräsident	1. 1. 57 – 31. 12. 63
50.	Schulz, Theodor ab 1. 5. 63 Senatspräsident	1. 7. 57 – 31. 7. 67
51.	Barske, Kurt ab 1. 1. 69 Senatspräsident	1. 7. 57 – 31. 5. 72
52.	Dr. Schwetz, Wilhelm	26. 7. 57 – 31. 1. 64
53.	Dr. Berger, Emil ab 1. 4. 68 Senatspräsident	31. 7. 57 – 31. 3. 70
54.	Prof. Dr. von Wallis, Hugo ab 1. 4. 70 Senatspräsident ab 1. 7. 70 Präsident des Bundesfinanzhofs	31. 7. 57 – 30. 4. 78
55.	Dr. Rahn, Hans-Georg ab 1. 8. 67 Senatspräsident	1. 8. 58 – 31. 5. 74
56.	Dr. Dornemann, Heinrich	1. 10. 58 – 30. 4. 64
57.	Dr. Bollenhagen, Hermann	1. 6. 59 – 30. 9. 67
58.	Dr. Malitzky, Heinz	1. 6. 59 – 31. 7. 71
59.	Dr. Littmann, Eberhard ab 1. 6. 71 Senatspräsident	18. 6. 59 – 31. 7. 74
60.	Dr. Stenger, Alfons	1. 1. 61 – 31. 8. 68
61.	Dr. Schettler, Karl	1. 1. 61 – 31. 7. 67
62.	Dr. Dopatka, Bernhard	1. 1. 61 – 31. 5. 75
63.	Prof. Dr. Grass, Adolf	31. 1. 61 – 31. 3. 71
64.	Prof. Dr. Mattern, Gerhard	1. 5. 62 – 31. 8. 71
65.	Huhn, Gerhard ab 1. 12. 70 Senatspräsident	8. 5. 62 – 31. 5. 79
66.	Dr. h. c. Mersmann, Wolfgang Präsident des Bundesfinanzhofs	21. 5. 62 – 30. 6. 70

67. Prof. Dr. List, Heinrich 1. 6. 62 – 31. 3. 83
ab 1. 6. 72 Senatspräsident
ab 1. 10. 74 Ständiger Vertreter
des Präsidenten/Vizepräsident
ab 1. 5. 78 Präsident des Bundesfinanzhofs

68. Bachelin, Heinrich 1. 4. 63 – 30. 11. 68

69. Kessel, Heinrich 1. 4. 63 – 31. 3. 72

70. Rademacher, Wolfgang 1. 4. 63 – 30. 11. 77

71. Dr. Egly, Hans 1. 4. 63 – 28. 2. 79
ab 1. 7. 73 Vorsitzender Richter am Bundesfinanzhof

72. Steinhardt, Rolf 1. 8. 63 – 31. 12. 77
ab 1. 11. 74 Vorsitzender Richter am Bundesfinanzhof

73. Dr. Gräber, Friedrich 1. 10. 63 – 30. 4. 83
ab 1. 11. 74 Vorsitzender Richter am Bundesfinanzhof

74. Dr. Siméon, Werner 1. 11. 63 – 31. 10. 77

75. Voigt, Ernst 1. 1. 64 – 30. 4. 76

76. Linder, Anton 1. 6. 64 – 31. 12. 80

77. Dr. Sigloch, Heinrich 1. 6. 64 – 28. 2. 86
ab 1. 10. 78 Vorsitzender Richter am Bundesfinanzhof

78. Timm, Hans 1. 7. 64 – 31. 1. 70

79. Dr. Birkholz, Hans 1. 7. 64 – 30. 9. 78
ab 1. 11. 74 Vorsitzender Richter am Bundesfinanzhof

80. Nergert, Rudolf 29. 3. 65 – 30. 9. 73

81. Görbing, Hans 1. 4. 65 – 31. 10. 75

82. Dr. Desgranges, Adolf 1. 4. 65 – 21. 9. 65

83. Dr. Dr. h. c. Döllerer, Georg 1. 4. 65 – 31. 5. 88
ab 1. 1. 78 Vorsitzender Richter am Bundesfinanzhof

84. Edsperger, Fritz 1. 7. 66 – 30. 4. 74

85. Knopp, Günther 1. 7. 66 – 31. 3. 81
ab 1. 2. 76 Vorsitzender Richter am Bundesfinanzhof
ab 1. 5. 78 Vizepräsident

86.	Dr. Meßmer, Kurt	1. 7. 66 – 30. 4. 89
	ab 1. 6. 78 Vorsitzender Richter am Bundesfinanzhof	
87.	Dr. Schwarz, Otfried	1. 8. 67 – 31. 5. 80
88.	Dr. Förger, Karl	1. 8. 67 – 31. 7. 80
89.	Reinert, Erhard	1. 10. 67 – 1. 8. 73
90.	Dr. Prugger, Karl	1. 10. 67 – 31. 1. 91
91.	Dr. Stendel, Eberhard	1. 9. 68 – 31. 1. 81
92.	Dr. Rid, Max	1. 9. 68 – 31. 5. 91
	ab 1. 6. 79 Vorsitzender Richter am Bundesfinanzhof	
93.	Mann, Herbert	1. 11. 68 – 31. 12. 83
94.	Nissen, Karl-Heinz	1. 3. 69 – 30. 11. 86
	ab 9. 3. 79 Vorsitzender Richter am Bundesfinanzhof	
	ab 1. 4. 81 Vizepräsident	
95.	Dr. Grimm, Claus	1. 4. 69 – 31. 10. 90
	ab 1. 4. 81 Vorsitzender Richter am Bundesfinanzhof	
	ab 1. 12. 86 Vizepräsident	
96.	Schellenberger, Heinz	1. 6. 70 – 31. 12. 89
	ab 1. 2. 84 Vorsitzender Richter am Bundesfinanzhof	
97.	Prof. Dr. h.c. Beisse, Heinrich	1. 6. 70 – 30. 4. 92
	ab 1. 5. 83 Vorsitzender Richter am Bundesfinanzhof	
98.	Dr. Ernst, Günter	1. 8. 70 – 30. 9. 80
99.	Dr. Hermstädt, Horst	1. 6. 71 – 28. 2. 81
100.	Dr. Günther, Walter	1. 6. 71 – 30. 4. 90
101.	Dr. Leingärtner, Wilhelm	1. 6. 71 – 30. 9. 90
	ab 1. 12. 86 Vorsitzender Richter am Bundesfinanzhof	
102.	Dr. Woerner, Lothar	1. 6. 71 – 31. 10. 95
	ab 1. 12. 86 Vorsitzender Richter am Bundesfinanzhof	
103.	Erdweg, Anton	1. 7. 71 – 21. 11. 86
	ab 1. 3. 86 Vorsitzender Richter am Bundesfinanzhof	
104.	Dr. Vogler, Jochen	1. 7. 71 – 15. 2. 73
105.	Heise, Horst	1. 7. 71 – 30. 6. 91

106.	Pfeiffer, Hubertus	1. 12. 71 – 31. 1. 86
107.	Prof. Dr. Schmidt, Ludwig ab 1. 1. 87 Vorsitzender Richter am Bundesfinanzhof	1. 12. 71 – 31. 8. 93
108.	Dr. Weiß, Eberhard	1. 7. 72 – 30. 9. 93
109.	Dr. Niemeyer, Gisela	1. 9. 72 – 31. 7. 75
110.	Dr. Wollny, Paul	1. 7. 73 – 30. 9. 91
111.	Loose, Gerhard	1. 8. 73 – 31. 5. 90
112.	Dr. von Bornhaupt, Kurt-Joachim	1. 4. 74 – 31. 5. 92
113.	Dr. Geist, Günter	1. 4. 74 – 31. 10. 91
114.	Dr. Dänzer-Vanotti, Wolfgang	1. 5. 74 – 31. 3. 91
115.	Hauter, Erich ab 1. 5. 89 Vorsitzender Richter am Bundesfinanzhof	1. 6. 74 – 28. 2. 94
116.	Prof. Dr. Weber-Fas, Rudolf	1. 6. 74 – 22. 10. 75
117.	Dr. Schwendy, Klaus	1. 12. 74 – 28. 2. 93
118.	Dr. Ebling, Klaus ab 1. 1. 90 Vorsitzender Richter am Bundesfinanzhof	1. 6. 75
119.	Prof. Dr. Offerhaus, Klaus ab 1. 6. 88 Vorsitzender Richter am Bundesfinanzhof ab 1. 11. 90 Vizepräsident ab 1. 10. 94 Präsident des Bundesfinanzhofs	1. 12. 75
120.	Dr. Seeliger, Gerhard	1. 12. 75 – 28. 2. 91
121.	Morbach, Viktor	1. 12. 75 – 31. 8. 84
122.	Dr. Hofmann, Ruth ab 1. 6. 91 Vorsitzende Richterin am Bundesfinanzhof	1. 2. 76
123.	Prof. Dr. Löwe, Walter	1. 5. 76 – 31. 1. 84
124.	Dr. Keßler, Rüdiger ab 1. 11. 90 Vorsitzender Richter am Bundesfinanzhof ab 1. 10. 94 Vizepräsident	1. 11. 77 – 31. 12. 96
125.	Dr. Beermann, Albert ab 1. 10. 90 Vorsitzender Richter am Bundesfinanzhof ab 1. 10. 94 Vizepräsident	1. 12. 77

126.	Wachweger, Dieter	1. 7. 78 – 30. 9. 86
127.	Padberg, Klaus	1. 8. 79
128.	Andersen, Jeß	1. 9. 79 – 31. 3. 86
129.	Prof. Dr. Groh, Manfred ab 1. 1. 91 Vorsitzender Richter am Bundesfinanzhof	1. 10. 79
130.	Prof. Dr. Söffing, Günter	1. 6. 80 – 28. 2. 92
131.	Mathiak, Walter	1. 6. 80 – 30. 11. 95
132.	Mark, Alfons	1. 8. 80 – 31. 7. 89
133.	Dr. Jansen, Rudolf	1. 10. 80 – 28. 2. 89
134.	Dr. Scholtz, Rolf-Detlev	1. 5. 81 – 31. 10. 91
135.	Dr. Widmann, Siegfried ab 1. 5. 92 Vorsitzender Richter am Bundesfinanzhof	1. 5. 81
136.	Dr. Herrmann, Hans-Joachim ab 1. 10. 94 Vorsitzender Richter am Bundesfinanzhof	1. 5. 81
137.	Dr. Sunder-Plassmann, Reinhard ab 1. 3. 94 Vorsitzender Richter am Bundesfinanzhof	1. 6. 81
138.	Prof. Dr. Klein, Franz Präsident des Bundesfinanzhofs	1. 4. 83 – 30. 9. 94
139.	Hellwig, Peter ab 1. 9. 93 Vorsitzender Richter am Bundesfinanzhof	1. 5. 83
140.	Dr. Grube, Georg ab 1. 11. 95 Vorsitzender Richter am Bundesfinanzhof	1. 2. 84
141.	Dr. Mößlang, Gerhard ab 1. 1. 97 Vorsitzender Richter am Bundesfinanzhof	1. 2. 84
142.	Dr. Seeger, Siegbert	1. 2. 84 – 6. 6. 89
143.	Prof. Dr. Wassermeyer, Franz	1. 2. 84
144.	Dr. Ebling, Iris	1. 2. 84
145.	Dr. Hein, Werner	1. 2. 84
146.	Dr. Drenseck, Walter	1. 2. 84
147.	Dr. Olbertz, Frank Florian	1. 11. 84
148.	Dr. Wagner, Wilfried	1. 4. 85

149.	Herden, Christian	1. 4. 85
150.	Dr. Birkenfeld, Wolfram	28. 2. 86
151.	Dr. Bordewin, Arno	4. 3. 86 – 30. 11. 96
152.	von Groll, Rüdiger	30. 6. 86
153.	Ruban, Reinhild	1. 10. 86
154.	Dr. Frhr. von Schönberg, Rüdiger	1. 12. 86
155.	Brenner, Dieter	20. 1. 87 – 31. 5. 95
156.	Brockmeyer, Hans Bernhard	20. 1. 87
157.	Dr. Gorski, Hans-Günther	20. 1. 87
158.	Thomas, Michael-Ingo	20. 1. 87
159.	Dr. Wolff-Diepenbrock, Johannes	11. 2. 87
160.	Dr. Fischer, Peter	11. 2. 87
161.	Dr. Schwakenberg, Friedrich-Karl	1. 9. 87
162.	Boeker, Heide	21. 6. 88
163.	Dr. Kanzler, Hans-Joachim	1. 3. 89
164.	Dr. Sack, Hans-Joachim	2. 5. 89
165.	Dr. Kempermann, Michael	8. 6. 89
166.	Hofmeister, Ferdinand	1. 8. 89
167.	Dr. Albrecht, Gerd	2. 1. 90
168.	Dr. Weber-Grellet, Heinrich	2. 5. 90
169.	Dr. Klenk, Friedrich	1. 6. 90
170.	Völlmeke,Monika	1. 10. 90
171.	Dr. Lang, Walter	2. 11. 90
172.	Dr. Hohrmann, Friedrich	16. 7. 91
173.	Kaufmann, Adelheid	16. 7. 91
174.	Dr. Pfeiffer, Thomas	16. 7. 91 – 31. 5. 93
175.	Dr. Gschwendtner, Hubertus	16. 7. 91
176.	Dr. Dötsch, Franz	16. 7. 91
177.	Dr. Martin, Suse	16. 7. 91

178.	Dr. Gosch, Dietmar	16. 7. 91
179.	Spindler, Wolfgang	26. 7. 91
180.	Dr. Müller-Eiselt, Klaus	26. 7. 91
181.	Viskorf, Hermann-Ulrich	26. 7. 91
182.	Dr. Pezzer, Heinz-Jürgen	26. 7. 91
183.	Dr. Köpp, Klaus	2. 10. 91 – 1. 12. 95
184.	Steinhauff, Dieter	4. 11. 91
185.	Dr. Ahmann, Karin Renate	4. 11. 91
186.	Sondergeld, Günter	3. 3. 92 – 26. 7. 94
187.	Dr. Christiansen, Alfred	6. 5. 92
188.	Thürmer, Bernd	1. 6. 92
189.	Dr. Dürr, Ulrich	1. 3. 93
190.	Hutter, Ulrich	17. 5. 95
191.	Rüsken, Reinhart	2. 6. 95
192.	Dr. Alber, Christel	28. 3. 96
193.	Fischer, Lothar	28. 3. 96
194.	Wendt, Michael	28. 3. 96
195.	Kilches, Karl Rainer	5. 12. 96
196.	Mellinghoff, Rudolf	2. 1. 97
197.	Dr. Lange, Hans-Friedrich	am 5. 6. 97 zum Richter am Bundesfinanzhof gewählt; bei Redaktionsschluß noch nicht ernannt.
198.	Dr. Wacker, Roland	

Richter am Bundesfinanzhof
(in alphabetischer Folge)